Le présent ouvrage a été publié
avec le soutien de
l'Académie Nicaraguayenne de la Langue
ANL

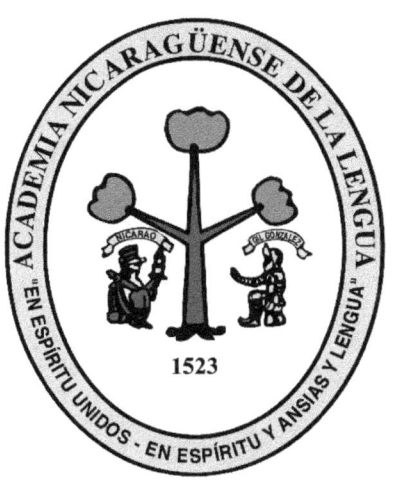

"En espíritu unido, en espíritu y ansias y lengua."

La Collection "*Travaux Panofskiens*" est dédiée à l'étude des oeuvres d'art de la période moderne (XIIème-XVIIIème siècles) et de la période contemporaine (XIXème-XXIème siècles), à partir de plusieurs concepts des études de l'École de Warburg, notamment représentés dans les travaux de son principal représentant Erwin Panofsky. Ces concepts sont les suivants:

La transmission des symboles culturels entre les époques, et la permanence de leur représentation;

L'étude des oeuvres d'art comme matériel pour comprendre leur époque et l'histoire des mentalités qui y est liée, c'est-à-dire, inversement, les idées, les pratiques et les moeurs, que révèlent les oeuvres d'art;

En ce sens, l'interaction entre les cosmos de cultures profane et religieuse, d'une part, et populaire, cultivée et savante, d'autre part.

Le principal apport de la présente Collection, ou son principal projet en tous cas, est d'aborder, non seulement les oeuvres de l'époque moderne, champ d'étude particulier de l'École de Warburg et de Panofsky, mais d'amplifier cedit champ à celui de la contemporanéité, en particulier des avant-gardes, afin, non seulement d'appliquer la méthode panofskienne à l'art contemporain, mais encore pour en expérimenter la pertinence dans le cadre visuel de la non figuration et de l'abstraction (soit-elle, celle-ci, thématique ou formelle).

Dr. N.-B. Barbe

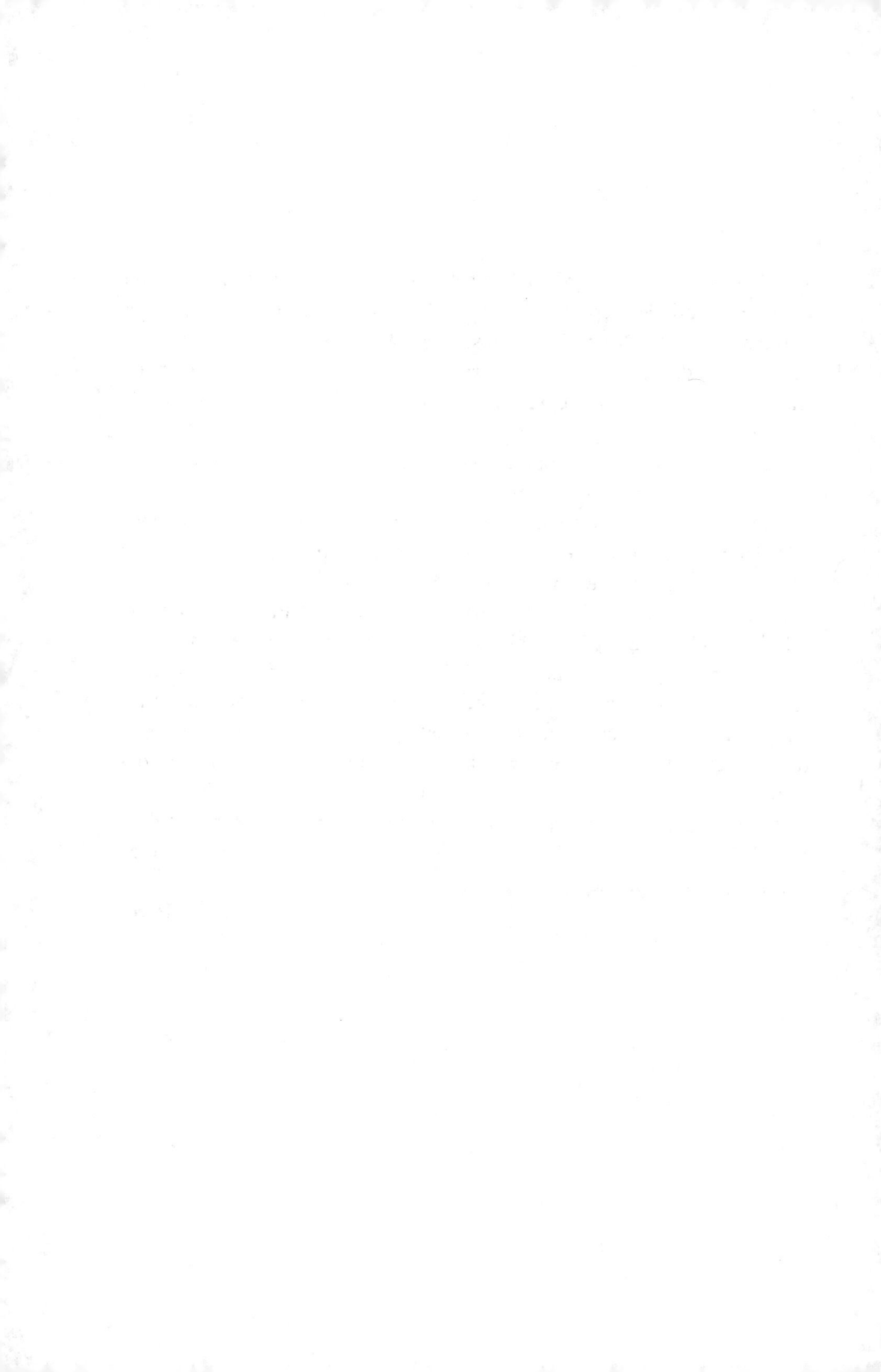

Norbert-Bertrand Barbe

Membre Honoraire de
l'Académie Nicaraguayenne de la Langue

La question iconographique de La Vierge a l'oeuf chez Piero della Francesca

ISBN: 978-2-35424-190-2
Collection "*Travaux Panofskiens*"

© 2018, Bès Editions

Toute reproduction intégrale ou partielle du présent ouvrage, faite par quelque procédé que ce soit, sans le consentement de l'auteur ou de ses ayants cause, est illicite et constitue une contrefaçon sanctionnée par les articles L.335-2 et suivants du Code de la propriété intellectuelle.

Sommaire Général du Volume

0. Introduction	1
1. La Vierge et l'oeuf	3
2. La Vierge et Vénus	7
3. Jésus et l'oeuf	16
4. L'image	18
4.1. Description du tableau	18
4.2. Les Saints et les anges	19
4.3. Saint Bernardin	20
4.4. Le donateur: Frédéric III de Montefeltro	25
5. L'oeuf et l'Église	33
6.a. De l'oublieuse et hypocrite autruche et de son oeuf	39
6.b. Saint Grégoire et la salvation par le Christ face aux hypocrites et aux autruches	41
6.c. L'oeuf d'autruche et le sang du Christ comme rédemption du Péché	45
6.c.1. L'autruche, le prêtre et le chrétien	47
6.c.2. Le sang du Christ, Pâques et la rédemption du croyant	49
6.c.3. La Vierge, l'Église et l'oeuf	60
6.c.3.1. La Vierge, point d'infléchissement de la trajectoire du péché	60
6.c.3.2. Origines possibles du symbole de l'oeuf comme symbole de renaissance du Dieu	63
6.c.3.2.a. De Brahma au Christ	63
6.c.3.2.b. Chez les Celtes	66
6.c.3.2.c. Les Juifs et l'oeuf rouge comme symbole eschatologique	73
7. Jésus et l'autruche, deux formes d'oeufs	81
8. Conclusion	95
9. Supplément	103

Planches

"Quel que soit le souci que ta jeunesse endure,
Laisse-la s'élargir, cette sainte blessure
Que les séraphins noirs t'ont faite au fond du cœur;
Rien ne nous rend si grands qu'une grande douleur.
Mais, pour en être atteint, ne crois pas, ô poète,
Que ta voix ici-bas doive rester muette.

Les plus désespérés sont les chants les plus beaux,
Et j'en sais d'immortels qui sont de purs sanglots.
Lorsque le pélican, lassé d'un long voyage,
Dans les brouillards du soir retourne à ses roseaux,
Ses petits affamés courent sur le rivage
En le voyant au loin s'abattre sur les eaux.
Déjà, croyant saisir et partager leur proie,
Ils courent à leur père avec des cris de joie
En secouant leurs becs sur leurs goitres hideux.
Lui, gagnant à pas lent une roche élevée,
De son aile pendante abritant sa couvée,
Pêcheur mélancolique, il regarde les cieux.
Le sang coule à longs flots de sa poitrine ouverte;
En vain il a des mers fouillé la profondeur;
L'océan était vide et la plage déserte;
Pour toute nourriture il apporte son cœur.
Sombre et silencieux, étendu sur la pierre,
Partageant à ses fils ses entrailles de père,
Dans son amour sublime il berce sa douleur;
Et, regardant couler sa sanglante mamelle,
Sur son festin de mort il s'affaisse et chancelle,
Ivre de volupté, de tendresse et d'horreur.
Mais parfois, au milieu du divin sacrifice,
Fatigué de mourir dans un trop long supplice,
Il craint que ses enfants ne le laissent vivant;
Alors il se soulève, ouvre son aile au vent,
Et, se frappant le cœur avec un cri sauvage,
Il pousse dans la nuit un si funèbre adieu,
Que les oiseaux des mers désertent le rivage,
Et que le voyageur attardé sur la plage,
Sentant passer la mort se recommande à Dieu.

Poète, c'est ainsi que font les grands poètes.
Ils laissent s'égayer ceux qui vivent un temps;
Mais les festins humains qu'ils servent à leurs fêtes
Ressemblent la plupart à ceux des pélicans.
Quand ils parlent ainsi d'espérances trompées,
De tristesse et d'oubli, d'amour et de malheur,
Ce n'est pas un concert à dilater le cœur ;
Leurs déclamations sont comme des épées :
Elles tracent dans l'air un cercle éblouissant;
Mais il y pend toujours quelques gouttes de sang"

(Alfred de Musset, "Le sacrifice du Poète", *La Nuit de Mai*, 1835)

La question iconographique de *La Vierge à l'oeuf* chez Piero della Francesca - Un problème de sources

> "— *Oui, madame. Vous avez, disais-je, malgré votre fermeté, malgré les souvenirs si récents d'un bonheur perdu, cédé à la violence. Eh bien! la violence employée contre la mère ne pouvait-elle pas, ne peut-elle pas être renouvelée vis-à-vis de la fille? N'avais-je pas, n'ai-je pas encore le droit de préférer ma protection à toute autre, moi qui n'ai jamais plié devant la force, moi qui tout jeune avais l'épée pour jouet, moi qui dis à la violence: Sois la bienvenue, tu es mon élément!"*
> (Paul Féval, *Le Bossu; ou, Le petit Parisien*, II/I/7)[1]

0. Introduction

La présente étude est de fondement bibliographique. Elle a deux grandes prétentions:

1. Présenter l'importance de l'élément bibliographique avant de produire quelque interprétation que ce soit, ce qui, nous semble-t-il, a été la grande erreur jusqu'à ce jour dans l'étude de l'oeuvre de Piero della Francesca, dont les exégètes se sont lancés sur des pistes par caprice plus que par raison, y voulant voir parfois des sens alchimiques, et d'autres perspectifs, les deux interprétations ne s'appuyant sur rien d'autre que sur l'hypothèse arbitraire d'interprètes, peut-être en cela trop phénoménologistes sans le savoir, qui cherchèrent obstinément à la justifier *a posteriori*; en cela, notre étude trouve amplement son inspiration méthodologique dans les notables travaux, aujourd'hui classiques, qui ont amplement démontré l'importance avérée du matériel bibliographique comme source pour comprendre les productions visuelles: Raymond Klibansky, Erwin Panofsky, Fritz Saxl en refaisant un complet parcours historique de la conception savante et culturelle de la Mélancolie de l'Antiquité jusqu'à la Renaissance;

---

[1]Paul Féval, *Le Bossu; ou Le petit Parisien*, Paris, A. Dürr, 1857, 6ème partie, "*Le Palais-Royal*", "*VII. La charmille*", pp. 118-119.

Panofsky, seul, pour la biographie intellectuelle de l'abbé Suger, ou encore l'influence de la pensée néoplatonique dans la formation de Michel-Ange et dans l'iconographie de ses tombeaux des Médicis de la Sagrestia Nuova de la basilique San Lorenzo de Florence; Rudolf Wittkower par son interprétation de l'évolution du geste du Christ dans l'oeuvre du Gréco à partir de la révision de la bibliothèque du peintre; Edgar Wind, à propos de l'origine littéraire dans la mythographie ovidienne et antique de l'iconographie de *La naissance de Vénus* et du *Printemps* de Botticelli, entendus comme les deux éléments d'une seule et même séquence narrative; et, hors de l'École de Warburg, Robert Klein à propos de la culture savante pour comprendre l'iconographie de *La Tempête* de Giorgione.

2. L'importance, par conséquent, de la création d'un *corpus*, pour limiter les risques d'erreur de l'analyse, et ainsi, à la manière de la Mnémosyne d'Aby Warburg, et de la tradition comparatiste en général[2], assurer le sens de l'analyse en se préservant de la surinterprétation gratuite.

De là, le présent travail prendra, tout naturellement, son essor, et tout son sens, comme modélisation d'une méthode, qui se propose d'être démontrée, par opposition aux analyses antérieures de l'oeuvre qui nous intéresse ici, non depuis notre interprétation, mais depuis les textes, qui, nous devons le dire, on le verra, parlent d'eux-même,

Ce bref avertissement, afin que le lecteur ne se surprenne pas outre mesure de la technique ici employée, thomiste avant tout, et en veuille bien prendre la mesure, dans l'efficacité et comme normatisation méthodologique, que nous venons d'expliquer.

---

[2]Voir notre ouvrage: *Roland Barthes et la théorie esthétique*, 2001.

Nous essaierons, dans le texte suivant, de mettre en regard et de vérifier l'interprétation, généralement admise, des motifs de *La Conversation sacrée* de 1472 de Piero della Francesca, donnée par le *Journal of the Warburg and Courtauld Institute*[3] :

"L'œuf d'oie qui pend au plafond (et qui pointe vers le nombril de Jésus), est le symbole de la perfection ou de la naissance dans la tradition alchimique, des quatre éléments du Monde ou de la Création."[4]

Or il nous semble qu'il n'y a pas ici à recourir à l'alchimie pour y comprendre la présence de l'oeuf, mais plutôt au néoplatonisme, et à la théologie chrétienne de l'époque.

On pourrait dire que nous allons poser le problème depuis sa révision bibliographique. On voudra ainsi bien nous reconnaître, nous l'indiquons tout de suite, que les auteurs cités, lesquels pour cette même raison donnent la valeur théologique à notre démonstration à l'intérieur de la tradition chrétienne et catholique, sont, pour la plupart, des ecclésiastiques.

1. La Vierge et l'oeuf
L'association entre la Vierge et l'oeuf est bien référencée historiquement.

Tout d'abord dans le cadre phylogénétique, donc d'origine et de Création (ce qui incombe, comme on le voit dans la citation suivante, aussi à la Vierge):

"Qu'Eue considérée comme Principe du genre humain n'approche point de la dignité, ny de l'excellence de la Sainte Vierge, à qui conuient ce mefme nom de Principe, fous une fignification bien différente.

---
[3] *Journal of the Warburg and Courtauld Institute*, volume IX, p. 27.
[4] http://fr.wikipedia.org/wiki/La_Conversation_sacr%C3%A9e

DIEV qui autant que faire se peut reduit toutes choses à l'vnité, a voulu qu'Eue fust la porte, & vn principe du genre humain par la voye de la génération. Car qui est venu au monde qui n'ayt passé par cette porte? & qui commence d'estre homme qui n'ayt eu cette Femme pour mere, & pour principe materiel? Elle est la fontaine d'où sont coulez tant de vifs ruisseaux sur la terre, lesquels se respandent là mesme, où le Ciel ne coule pas vne goutte de pluye: Elle est la carrière d'où sont sorties tant & tant de pierres animées d'vn esprit doué de raison; & la maistresse racine qui a ietté tant de bois d'vne mesme espece, que le monde ne semble qu'vne forest. Car il ne faut pas qu'on se persuade, ou qu'on ne tient pour véritable ce que ces anciës ont réué, assauoir que les mortels estoient venus sur la terre, tout à la fois comme les Cygales qui naissent plusieurs en vn iour, voire en vn moment durant l'Esté; ou bien que Dieu créa des vers (ainsi qu'Aristote conjecture) lesquels se formèrent en hommes, comme les chenilles en papillons, sous les bénignes influences du Ciel lequel présida sur cet œuure. Encore moins est-il croyable que les premiers indiuidus humains, sortirent de la cocque d'vn œuf, comme font les poissons & les oyseaux: car cette pensée d'vne vraye Histoire fait vne fable ridicule, & compare nos ancestres à ces deux frères fabuleux nommez Castor & Pollux. Mais ce qui est indubitable, c'est que Dieu ayant dessein de peupler la terre d'hommes, comme il auoit fait l'air d'oyseaux, & la mer de poissons & de reptiles. Il tira du costé d'Adam, vne coste qu'il changea en femme."[5]

On en déduit, par extension, que cette association dépend d'origines plus anciennes, aux racines plus mystiques profondes:

"Personne n'ignore que dans la philosophie et la théologie des anciens, les œufs ont été considérés comme un symbole sacré. Je ne parlerai pas de l'œuf d'Orphée, emblème mystérieux que ce poète philosophe employait pour désigner la force intérieure et la fécondité dont la terre est imprégnée. Je n'entrerai pas non plus dans de longs détails sur ce que nous rapporte Hérodote concernant l'œuf d'Osiris, où ce Dieu avait, selon les Egyptiens, renfermé tous les principes du bien, parmi lesquels son rival ou antagoniste Typhon trouva, par une ruse criminelle, moyen d'introduire autant de principes de maux, et qui devint ainsi l'origine du mélange du bien et du mal sur la terre. Selon d'autres philosophes païens, un œuf était le berceau du monde, c'était d'un œuf qu'étaient nés plusieurs de leurs dieux et de leurs personnages célèbres. De là le rôle important que jouait l'œuf dans les sacrifices de Cybèle, mère des dieux, (Magna mater). (Voyez Grotius, De verit. relig. Christ. lib. I.)
Cette opinion était également répandue chez les Chaldéens, les Persans, les Indiens, etc. (Voyez Boulanger, Antiq. dév. liv. III, ch. 2, etc., etc.) On la retrouve chez les anciens peuples du Nord. Selon la mythologie islandaise, le monde serait né d'un œuf, déposé par un oiseau mystérieux sur les genoux de Waeinomaénon, l'une des principales divinités du pays, et qui, même après l'introduction du Christianisme chez ces peuples, partagea durant quelque temps le culte que,

---

[5] Nicolas L'Archevesque, *Les grandeurs sur-éminentes de la Très Sainte Vierge Marie, Mère de Dieu*, Paris, Guillaume Macé, 1638, pp. 408-409.

comme chrétiens, ils rendaient à la Vierge Marie. Waeinomaénon, disent les mythologues Islandais, couva cet œuf dans son sein; mais l'ayant laissé tomber, l'œuf se cassa; la partie inférieure de la coquille forma la terre; la partie supérieure, le ciel; le blanc, le soleil et les étoiles. On sent bien que je n'admets point cette légende mythologique comme l'origine de nos œufs de Pâques; mais j'ai cru devoir indiquer ce rapprochement, a la fois bizarre et curieux, entre les opinions des philosophes de l'antiquité et celles des anciens mythologues du Nord.

De cette importance, en quelque sorte religieuse donnée à l'œuf, vient, selon plusieurs écrivains, l'usage de divers anciens peuples de l'Asie et de l'Europe qui, au rapport de Court de Gébelin et de quelques autres, célébraient le premier jour de l'année en s'envoyant réciproquement des œufs que l'on teignait de diverses couleurs, spécialement en rouge, couleur favorite des nations antiques, et en particulier des Celtes. Le voyageur Chardin nous apprend que, de son temps, cette coutume était encore en vigueur chez les Persans.

La fête du nouvel an, dit l'auteur du Monde primitif, avait lieu, comme on le sait, à l'équinoxe du printemps, par conséquent vers Pâques. Les Persans y voyaient un hommage rendu au soleil physique. Les chrétiens, en l'adoptant, s'en servirent pour célébrer la victoire que le Sauveur du monde, le véritable soleil de justice remporta sur la mort par sa résurrection. D'autres, et en particulier les chrétiens du rite grec, considérèrent les œufs de Pâques comme une allusion à notre divin Seigneur sortant plein de vie du tombeau, comme l'oiseau sort de l'œuf. (Voy. Weber, Mém. sur la cour de Russie, t. I, p. 14,15. — Pouqueville, Voyage en Grèce, ch. 132, tom IV, p. 417, etc.) Mais est-il bien nécessaire de chercher à l'usage des œufs de Pâques une origine mystique? Ne pourrait-on pas les retrouver plus simplement dans les redevances en œufs que les fermiers payaient à leurs propriétaires, et que l'on désignait dans le moyen-âge par les mots ovagium, ovilegium, ova de crucibus, etc.? (Voy. Du Cange, Gloss. med. latin, t. IV, col. 1417,1419, 1420, etc.) Ces redevances se payaient naturellement au renouvellement de l'année qui, jusqu'en 1567, ne commençait en France qu'au 1er avril, aux environs de Pâque. C'est sans doute pour cela que Pâques est resté une des échéances du paiement des fermages. A la fête de Pâques, quelques curés de campagne levaient sur leurs paroissiens une redevance en œufs, laquelle fut par la suite convertie en argent. Encore aujourd'hui, dans nos villages, les chantres, les suisses, les bedeaux et les enfants de chœur perçoivent de chaque habitant de la paroisse, sous le nom d'œufs de Pâques, une sorte de tribut ou de gratification en argent ou en nature. En Normandie, les sacristains, enfants de chœur, etc., lèvent en nature cette sorte d'impôt auquel on donne dans le pays le nom de Pâquerets."[6]

Opinion que confirment les rites orthodoxes de Pâques:

"POST-ÉPICLÈSE
Le prêtre sort du sanctuaire et va bénir les œufs et le lait mêlé de miel ("Pascha") préparés sur une table près des portes saintes.

---

[6]*"Lecture de M. Th. Lorin. Les oeufs de Pâques"*, Travaux de l'Académie nationale de Reims, Reims, P. Regnier., 1854, Vol. XIX, 4ème trimestre 1853-1er trimestre 1854, pp. 83-86.

Cél. ("= prêtre ou président de la liturgie seul") Marie-Madeleine, en remettant l'œuf rouge à l'empereur s'écria: «Christ est ressuscité!».

Bénis et sanctifie ces œufs, Seigneur, symboles du tombeau qui contient la Vie, afin que tous ceux qui les mangeront soient ferme espérance en la résurrection des morts. Tu nous introduis par le baptême dans le pays où coulent le lait et le miel et, par la seconde naissance, Tu nous fais enfants de ton paradis. Bénis et sanctifie ce doux lait, symbole de notre innocence retrouvée, afin que ceux qui le goûteront soient purifiés de toute tache et persévèrent dans la pureté des cieux nouveaux et de la terre nouvelle, par le Ressuscité et dans l'Esprit de Vie."[7]

Notre lien mystique implique un symbolisme populaire curatif, lié à la prégnance:

"Gvdila Schinck vefue de feu Martin Alart, en son viuant Notaire en la ville de Bruxelles, eaigée de lxv.ans, passez xxxij.ans par la force qu'vn jour elle fift, à leuer de terre vn fillon plein d'eau, eftant groffe d'enfant, fe rompift en l'ayne droite: & fortift la rompture à la grandeur d'vn œuf d'oyfon: de forte qu'elle fut conftrainte de porter ordinairement vn bendeau à tel mal accouftumé. Durant lefquelz xxxij. ans elle y endura continuellemet des grandes douleurs, & y appliqua diuers remedes fans touteffois riens auancer pour fa guerifon. Finalement oyant les miracles qui journellement fe faifoyent au Mont-aigu à interceffion de la glorieufe Vierge Marie, fe refoluft d'y aller en pelerinaige, auec grand efpoir de recouurer fanté. Et ainfi à la S. Iehan en ceft an 1604. s'y tranfporta à chariot: & y ayant fait fa deuotion quelques jours, fe trouua fi bien, qu'elle quicta fon bendeau, & l'offrit à noftre Dame: & retourna en bonne difpofition en la ville de Bruxelles, fans plus fentir aucune peine ou douleur. Et quelques quatre ou cinq fepmaines aprez, ladite Gudila fift vn aultre voyaige audit Mont-aigu à pied, & en retourna femblablement à pied, fans que jamais la rompture fe foit monftrée: & en demeure parfaitement guerye, ne s'en reffentant plus en aufcune manière. Comme ce que dit eft, elle a declairé & attefté foubz ferment folemnel pardeuant le Magiftrat de la ville de Bruxelles, le xij. jour d'Aougft audict an 1604."[8]

On retrouve de fait la posture inverse à la question phylogénétique de l'origine de l'humanité (par opposition aux Anciens) dans l'histoire de la naissance de Jésus:

"La simplicité et la bonhomie qui règnent dans le premier chapitre désarmeraient le critique le plus sévère. D'ailleurs, pour prendre quelque plaisir à la lecture d'un conte de fée, il faut: Obsequium rationis sub jugo fidei. Remarquons cependant que la petite anecdote de Zacharie et d'Elisabeth paraît un réchauffé de l'histoire de Sara et d'Abraham, devenus féconds sur leurs vieux

---

[7] http://eglise-orthodoxe-de-france.fr/eglise/texte_paques_et_son_temps.htm
[8] Philippus Numan, *Histoire des miracles advenus à l'intercession de la glorieuse Vierge Marie, au lieu dict Mont-aigu, près la ville de Sichen, au Duché de Brabant*, Bruxelles, Rutgeert Velpius & Hubert Anthoine, 1611, pp. 175-176.

jours. L'origine du feu de la saint Jean se trouve dans le verset 14 de ce chapitre: *Et multi in nativitate ejus gaudebunt.* [14. *Et beaucoup de personnes se réjouiront de sa naissance.]* L'église a tiré parti de tout. Le magnificat de la vierge, d'un style révolutionnaire, nous semble apocryphe; et le cantique de Zacharie, faible et peu digne des beaux cantiques de l'ancienne Bible.
Arrêtons-nous un moment sur ce chapitre Ier, pour citer quelques lignes tirées d'une Dissertation physico-théologique sur la Conception, 1742, in-12, fig. On lit, page 101:
«Le Seigneur Jésus a pris naissance, selon la chair, dans un œuf de la vierge Marie.
«*Tous les saints du vieux Testament (dit l'abbé Rupert) demandaient Jésus-Christ, et le cherchaient. Ils demandaient cet œuf que les oracles prophétiques avaient annoncé certainement et sans aucun doute; cet œuf, que le Saint-Esprit devait couvrir de son ombre, survenant en lui à la façon d'un oiseau qui se repose sur son œuf jusqu'à ce que le poulet qu'il renferme y soit entièrement formé: c'est ce qui devait arriver, et c'est ce qui s'est fait. Le Saint-Esprit, ô vierge Marie! est survenu en vous, et la vertu du Très-Haut vous a couverte de son ombre; et c'est ainsi que vous avez conçu et enfanté votre fils.» In evang. VIII, liv. 7.*"[9]

2. La Vierge et Vénus

L'association entre la Vierge et l'oeuf dans l'oeuvre de Piero della Francesca nous en présente une autre, entre la Vierge et Vénus, puisque l'oeuf pend d'une abside au toit en forme de coquillage.
Or:

"Vermeer furthered this convergence of pagan and Christian themes by "classicizing" his composition. Diverging from the examples produced by Titian or Rubens, Vermeer reduced the narrative in his scene, focusing on the action of the foreground maiden. He also simplified the woodland scenery and eliminated or reduced other details such as Diana's toilet articles or the accoutrements of the hunt that usually accompany her. In fact, the crescent moon on the central figure's head is the only attribute that identifies her as the goddess of the moon. By doing this, Vermeer minimized the secular, pagan aspect of his subject and allowed the Christian themes to predominate. By "christianizing" this mythological subject, Vermeer was continuing Ficino's Neoplatonic attempt to create what has been called a "philosophical Christianity" by reconciling "the paganism of the Greek philosophers with Christian dogma."
This conjunction of pagan and Christian can be found in the work of Renaissance masters such as Michelangelo, Raphael, and Titian, the best example: La Primavera by Sandro Botticelli (1445– 1510). Botticelli lived and worked in Florence at the same time that Ficino was espousing his Neoplatonic views. Although there is no evidence that Botticelli was a part of the Platonic Academy, he had close ties to the Medici family. Lorenzo di Pierfrancesco, a second cousin to Cosimo with interests in Platonic philosophy, probably commissioned La Primavera.

---

[9]Sylvain Maréchal, *Pour et contre la Bible*, Jérusalem, sans nom d'éditeur, 1801, pp. 287-288.

La Primavera can be interpreted as a representation of the unification of pagan and Christian beliefs. In the center of the painting we see Venus. Above Venus is her child, the winged Cupid (Amor, Eros). E. H. Gombrich compared Venus's appearance to that of the Virgin Mary and in a discussion of the Neoplatonic and classical subtext of La Primavera, Richard Foster and Pamela TudorCraig have maintained that Botticelli's lady is both Venus and Virgin. They point out that in Plato's Symposium—the text that was key to Ficino's interpretation of Platonic philosophy— Socrates states that love (Venus) is not the goal of the soul but rather the means by which the soul reaches the highest good. Likewise, for Christians, the Virgin Mary was the mechanism through which the highest good (God, or the Word) became flesh. In this manner, philosophy and theology blended in Botticelli's non-blasphemous representation of Venus as Virgin. In addition, Ficino believed that Venus represented not only love but also the soul itself. This was in accord with Plotinus who equated Venus with the soul: "The Heavenly Aphrodite, daughter of Kronos who is no other than the Intellectual Principle—must be the soul at its divinest."

In a late work, A Lady Standing at a Virginal, Vermeer presents his own illustration of the Goddess of Love accompanied by her offspring, Eros. Here, at the end career, we see him continuing a theme that runs throughout the length of his oeuvre. It is a recurring image that depicts woman as Venus, as exemplar of love, as embodiment of the world soul that is the midpoint between the intelligible and sensible worlds. Vermeer's Venus however, is a modified vision, transfigured by Neoplatonic philosophy into a classical/Christian representation not only of the world soul as nexus, but of Mary as intermedium between the divine and corporeal, as the agent by which the Word was made flesh.

Vermeer's concerns in this regard mirror those expressed by Raphael in the Stanza della Segnatura. In the School of Athens, Raphael tried to depict the conjunction of real and and ideal while in the Disputa this same discourse on the relation between divine and earthly was continued via a visual contemplation on the miracle of the sacrament. Likewise, we have seen how Leonardo's recreation of the Last Supper was fashioned to evoke an otherworldly experience, one appropriate to the ineffable nature of the concept of transubstantiation; the intersection of the comprehensible and the incomprehensible."[10]

En effet:

"*Ficino held that a spiritual circuit linked all life, including human life, to God, so that all revelation was one, regardless of whether it came from Plato, from classical myths, or from the Bible. Likewise, beauty, love, and beatitude were one, since they were phases of this same circuit. For Neoplatonists, then, for example, the goddess Venus could be identified with the Virgin Mary. Thus it is not surprising that Botticelli's great mythological works The Birth of Venus and Primavera — the latter of which art historian Sister Beckett hails as an "allegory of life, beauty, and knowledge united by love" — are, in a sense, interchangeable with his religious works, so that*

---

[10]Robert D. Huerta, *Vermeer and Plato: Painting the Ideal*, Bucknell University Press, 2005, p. 52.

the wind gods in Venus resemble angels and the spring figure in Primavera strongly suggests depictions of the Virgin and her entourage of angels and saints."[11]

L'accord en est d'ailleurs général (à propos, toujours, du *Printemps* de Botticelli):

"Among the connections woven for Botticelli and his painting in, for example, Janson's ubiquitous History of Art, are those with Pollaiuolo's engraving, the Battle of the Ten Naked Men; with the patriarchal ruler of Florence, Lorenzo de'Medici; with the Neoplatonic philosopher Marsilio Ficino, whose arcane theories reconciled the 'celestial Venus' as interchangeable with the Virgin Mary; and with classical antiquity. He says, 'The Birth of Venus, in fact, contains the first monumental image since Roman times of the nude goddess in a pose derived from classical status of Venus."[12]

"In the Renaissance, the tendency to Christianize pagan iconography creates two levels of meaning in the interpretation of the personifications. The personification of virtue is complex because it may combine both religious and secular ideas. If it is religious, the allusion to virtue is associated with chastity (Latin castitas, meaning "purity of spirit"), with attributes such as a veil (symbol of modesty), a palm (martyrdom), or a shield with a phoenix (spiritual search). If the allusion is secular, the virtue of chastity focuses on the abstention from sexual relations as one of the Christian virtues (the others poverty and obedience) that are associated with monastic vows of religious orders. This association is been in Franciscan art, such as Giotto's fresco cycle in the Lower Church of Assisi, Italy. In this instance, the virtue of chastity is symbolized by a woman praying in a tower. The symbolism of the tower also alludes to the legends of St. Barbara and Danaë (Hall). Another aspect of the secular allusion to chastity as purity of the flesh is the relation to love. Mythological references to the goddess Diana or the nymph Daphne and their transformations involve the yearning for chastity in the face of desire. Other myths associated with chastity and physical love are the blindness of Cupid, the combat of Love, the Lady of the Unicorn, and the Three Graces (Castitas, Pulchritudo, Amor or Aglaia, Euphrosyne, and Thalia, respectively, as described in Seneca's De Beneficiis 1.3:2).
In the Chamber of Abraham at his house in Arezzo, Vasari portrayed Virtue with her companions Peace, Modesty, and Concord (1548). It appears that, following in the Renaissance Neoplatonic tradition, he fused pagan symbols with Christian motifs in his religious symbolism. For example, Virtue is portrayed with objects (rose, lily, myrtle, and vase) with different associations in the classical and Christian cultures.
The dual reference in the allegorical rendering of Virtue, evidenced by the diversity of attributes she holds, seems to denote the Renaissance Neoplatonic conception is based on Virgil's Aeneid and

---

[11] Maria Jaoudi, *Medieval and Renaissance Spirituality: Discovering the Treasures of the Great Masters*, Mahwah (New Jersey), Paulist Press, 2010, pp. 108-109.
[12] Nanette Salomon, *"Uncovering art history's 'hidden agendas'"*, Generations and Geographies in the Visual Arts: Feminist Readings, Londres, Routledge, 2005, p. 79.

was applied by the Renaissance Neoplatonists to the Christian doctrine of chastity and love. Virgil relates that Venus disguised herself as Diana, a virgin goddess, to appear as a "devotee of chastity." he medal of Giovanna degli Albizzi, with the Latin inscription from Virgil, for example, alludes to the Venus/Virgo concept: Virginis os habitumque gerens et virginis arma (Virgil I, 315). According to Jean Seznec, the sixteenth century also adopted the Ciceronian parallel between Diana and the Virgin Mary. In Vasari's the Virgin Mary. In Vasari's Chastity, one sees, on the breastplate of her dress, a female figure standing (perhaps) on a shell and holding a bow."[13]

Convergence que confirme Liana Cheney, à peu près d'ailleurs dans les mêmes termes:

"In Vasari's Chastity, one sees on the breastplate of her dress a female figure standing on a shell and holding a bow and arrow. This is Diana, which alludes to the personification of Chastity as well as the personification of Love. By standing on a shell, Venus' attribute, Diana is disguised as Venus, the Goddess of Love. The lack of detail in the painting makes a more precise identification impossible. Vasari's Chastity also displays other Christian and pagan motifs associated with the Venus — Virgo or Love — Chastity. She holds a classical vase with a base in the shape of a scalloped shell. The scalloped shell is commonly associated with the birth of Venus (Botticelli's Birth of Venus); it was also employed in Christian art as a symbol of the resurrection and of pilgrimmage (SS. James and Rock).
In both the Quattrocento and Cinquecento, several writers, including Cartari and Valeriano and later, in the Seicento, Ripa, associate Venus with chastity or virginity. Vasari's figure of Chastity likewise has attributes associated with chastity and virginity: she holds wilted white roses in one hand."[14]

Nous citerons encore, comme preuve de la générale opinion de l'identité néoplatonicienne entre les deux déesses, grecque et chrétienne (celle-ci, à son tour, dans ses deux hypostases: de la Vierge et de la Madeleine):

"And in the fusion of Neoplatonism with Christianity, couched in elegant prose and poetic flourishes influenced by the supreme poet of love, Petrarch, Venus could be invoked together with the Virgin Mary, who in turn could be apostrophised as the 'goddess of goddesses'. Madonnas and Magdalens consequently resembled Venuses and vice versa: sixteenth-century art and literature were replete with images of beautiful women, naked and draped, celestial and terrestrial Venuses, depicted and described in conformity with the ideals of feminine beauty propounded by male writers of the period. (The seventeenth-century Dutch Catholic writer jan Vos [c. 1615-67],

---

[13] *Encyclopedia of Comparative Iconography: Themes Depicted in Works of Art*, Londres, Routledge, 2013, s/n.
[14] Liana Cheney, *The Homes of Giorgio Vasari*, New York, Peter Lang, 2006, pp. 101-102.

ommenting on a canvas by Govert Flink who altered a Venus to a Mary Magdalen, was to praise artists who could 'convert the unchaste by means of their lirush'.)
It was thus that Mary Magdalen became the 'goddess of Love' or 'Venus of Divine Love' so often described in the wealth of literature devoted to her in the sixteenth and seventeenth centuries. Similarly Correggio uses the dual vocabulary of Eros and of Christian love to create his images of her. Pre-eminently regarded as Luke's sinner in this period, forgiven for she had loved greatly, she ascends from the excesses of sensual love to the heights of spiritual love: she is the 'amante Donna' (loving woman), 'l'innamorata' (the enamoured one), who is inflamed by her love. In the same vein, in a heated debate about Neoplatonic love in the fourth book Castiglione refers to her as an example of love which can aspire to heavenly love. When Signor Gasparo, who takes the role of the traditional misogynist among the assembled group, denies that women, constrained as they are by their less spiritual natures, can achieve divine love in the way men are able to ('I think that for men it will be hard to travel, but for women impossible,' he states), the Magnifico Giuliano dc'' Medici retorts that the great Socrates himself, in the confessed to having been instructed in the mysteries of love by a woman, the wise Diotima. A further example of feminine love. this time Christian. is Mary Magdalen for. the Magnifico says, 'You must remember also that [she] was forgiven many sins because she loved much, and that she, perhaps in no less grace than St Paul, was many times rapt to the third heaven by angelic love."[15]

De fait:

"Lorenzo Buonincontri, one of Ficino 's confidants, names Venus the "sancta Dei genitrix" in the same breath as the Virgin Mary and describes her as the "goddess of goddesses" (diva dearum). Therefore, for the neoplatonists, as for the early humanists, Venus personified the highest spiritual values. Boccaccio's "Santa Venere" and Giovanni di Francesco Nesi's idea of Venus as a "sacrata e vera dea" already has religious connotations."[16]

"During the Renaissance, the distinction between the earthly and spiritual realms, stemming from "two famous statues of statues of Venus, one draped, the other nude" by Praxiteles (Panofsky 153), was central to Neoplatonic interpretations of the 'Twin Venuses" of the Symposium, one celestial (Aphrodite Urania) and the other terrestrial (Aphrodite Pandemos) (Wind 138). In Ficino and Pico della Mirandola, both were celebrated as two noble aspects of love, divine and human (Amore celeste e umano) (Wind 139). As Erwin Panofsky points out, this distinction humanized the moralistic distinction made during the Middle Ages between Nature (represented by the naked Eve); and Reason or Grace (represented by fully clothed Virgin Mary). Such considerations inform Neoplatonic interpretations of two of the greatest paintings of the Renaissance: Titian's so-called "Sacred and Profane Love" of 1515, and Botticelli's "Birth of Venus" of 1480. In Titian's masterpiece, the Twin Venuses, one naked and one clothed, who sit on opposite ends of a sepulchre turned into a well, represent a gentle dialectic between "eternal and temporal values," between the

---

[15] Susan Haskins, *Mary Magdalen: Truth and Myth*, Londres, Random House, 2011, pp. 238-239.
[16] Doris Carl, *Benedetto Da Maiano*, Turnhout (Belgique), Brepols, 2006, p. 246.

"celestial and 'terrestrial'," and between "Amore celeste e umano" (Panofsky 151-153; Wind 148). Hence, the Church prominently visible in the less densely foliated landscape behind the naked Venus refers to the heavenly flame of spiritual love, represented by the burning jar of oil uplifted in her left hand, while the Castle in the dense background behind the clothed Venus may refer to the earthly values of courtly splendor, represented by the "vessel full of gold and gems" which she holds on the rim of the well (Panofsky 151). In Botticelli's "Birth of Venus," we see the naked Goddess arriving on the shore line, blown hither across the sea by the passionate wind of two embracing Zephyrs. The Hour of Spring greets her with a glorious floral robe which, however lovely, represents her descent from the "pure celestial beauty" of her naked self at sea, into the clothed form of her earthly splendor as "Venere vulgare or Aphrodite Pandemos" (Wind 138)."[17]

"Once again, Ficino may have inspired the picture. Botticelli painted it as the commission of Lorenzo di Pierfrancesco de' Medici (of the cadet branch of the family), to whom Ficino had written letters in praise of Venus, claiming her to be the mother of almost every virtue heretofore assumed to have been Christian — love, dignity, beauty, modesty, temperance, honesty, and so on. The painting may be interpreted as anything between an involved riddle of Neoplatonic truth to a simple allegory of all those good and decent graces which a proper Florentine ought to have. However one interprets the picture, it is surely a mixture of classical and Christian themes, with Venus as Botticelli's version of the Virgin Mary.
A work similarly mythological, and even more famous, is the Birth of Venus (see plate 61). It is important first to observe Botticelli's style. Gone is the Renaissance tradition of volume and atmosphere which had been passed down from Masaccio. The picture is a work created principally by Botticelli's extraordinary use of line. Never was Botticelli more willing to exaggerate than n the depiction of Venus, long of neck, with sloping shoulders, and an unbelievable cascade of hair. The picture was commissioned for hanging, as a companion to Primavera, on an opposite wall of Lorenzo di Pierfrancesco's salon. Like Primavera, it too is a composite of classical mythology and Christian themes — a blend no doubt inspired by Ficino. According to the myth, from which the picture was taken, Venus was born from a sea that had been made fertile by the castration of Saturn. Such grisly business the delicate Botticelli chose not to recall. Instead, he represented two winged zephyrs (Christians might read, "angels") wafting the goddess Venus (Christians might read, "Christ") from the sea (Christians might read, "the Jordan River") on a shell (Christians might read, " 'symbol of baptism") onto the dry land, where she is met and vested by an Hour who is herself bedecked by the Laurentian laurel. Apparently, the observer of the picture could choose to see either a simple elegant instruction into an ancient myth, or the unveiling of the Christian mystery of the baptism of Jesus."[18]

---

[17] Evans Lansing Smith, *The Hero Journey in Literature: Parables of Poesis*, Lanham (Maryland), University Press of America, 1997, pp. 178-179.
[18] Bard Thompson, *Humanists and Reformers: A History of the Renaissance and Reformation*, Cambridge, Wm. B. Eerdmans Publishing Co, 1996, pp. 252-253.

Selon Charles R. Mack[19] :

"These essentially pagan readings of Botticelli's Birth of Venus should not exclude a more purely Christian one, which may be derived from the Neoplatonic reading of the painting indicated above. Viewed from a religious standpoint, the nudity of Venus suggests that of Eve before the Fall as well as the pure love of Paradise. Once landed, the goddess of love will don the earthly garb of mortal sin, an act that will lead to the New Eve – the Madonna whose purity is represented by the nude Venus. Once draped in earthly garments she becomes a personification of the Christian Church which offers a spiritual transport back to the pure love of eternal salvation. In this case the scallop shell upon which this image of Venus/Eve/Madonna/Church stands may be seen in its traditionally symbolic pilgrimage context. Furthermore, the broad expanse of sea serves as a reminder of the Virgin Mary's title stella maris, alluding both to the Madonna's name (Maria/maris) and to the heavenly body (Venus/stella). The sea brings forth Venus just as the Virgin gives birth to the ultimate symbol of love, Christ."[20]

Dans le tableau de Botticelli :

"The nudity of Venus echoes that of Eve in the Garden of Eden. This has led some commentators to speculate that Venus is a personification of the Christian Church. One should note, for instance, that the title of the Virgin Mary is "stella maris": star of the sea. Perhaps the sea gives birth to Venus just as the Madonna gives birth to Jesus Christ."[21]

Ficin dans ses lettres n'écrit-il pas :

"E Venere fteffa di gratia, di bellezza e di fede madre, quello ingegno e quella eloquëza con elegäza con difce, con attillatura orna, e con uerace fede forma. Per ilche, niuno é che piu acuto, o piu elegante ueramente fi moftri che un'amante. E uoglio che noi fappiate, altro effere quella libidine che il tutto defidera, et altro l'amore, che de l'affetto, de l'udito e de la contemplatione fi contëta. La quarta ragione finalmente è diuina, laquale il diuino Platone nel Fedro e nel convito con molte ragioni pruoua. Effendo ne la diuina mëte le efemplari forme di tutte cofe, e di quelle appreffo di noi folo certe ombre moftädofili tra quefte ombre niente piu chiaramente la bellezza del Creatore ci moftra, che la creata bellezza. E Platone pëfa che noi non cofi facilmëte, de la humana fapiëza, ouero da qual fi uogli altra noftra virtù, la diuina fapienza e l'altre virtù di Iddio inueftigar poßiamos, quäto da la humana bellezza a la bellezza diuina trouare, e trouata amare ci è conceffo. Conciofia che de le altre virtù che in Dio fono, la fimiglianza a le mëti fole fi conuëga, e con le mëti fole fi conofca, ma il fimulacro de la diuina bellezza per tutte le cofe fi diffondi, e non folo con la

---
[19] Charles R. Mack, *Looking at the Renaissance: Essays toward a Contextual Appreciation*, Ann Arbor: University of Michigan Press, 2005, pp. 85-87; et "*Botticelli's Venus: Antique Allusions and Medicean Propaganda*", *Explorations in Renaissance Culture*, 28, 1 (Winter), 2002, pp. 1-31.
[20] http://en.wikipedia.org/wiki/The_Birth_of_Venus#cite_note-14, voir Mack, 2002, pp. 225-226.
[21] http://www.visual-arts-cork.com/famous-paintings/birth-of-venus.htm

mëte, ma anchora con gl'occhi, che di tutti i fenfi piu perfpicaci fono chiaramëte fi comprëde. Di qui pëfa egli che l'amore di humano diuino douëte, e niëte altro l'amore effer diffinifce, che defiderio di bellezza, la bellezza; niëte altro effere che la gratia, una gratia dico di tre gratie, cioè di tre cofe principalmente copomfta, e che fimalmëte da tre celefti potëze difcende, conciofia che Apollo permezzo de la gratia, de la confonäza muficale, alletti gl'afcoltanti. Venere per mezzo de la gratia del colore e de la figura rapifca i rifguardandi."[22]

Finalement, la critique contemporaine réaffirme l'identité idéologique et visuelle entre la Vierge et Vénus, même si nous verrons que l'identification, par dérivation, entre la présence du coquillage, et la Vierge comme perle (l'oeuf serait alors perle), bien que tentante et astucieuse, est iconographiquement et historiquement insoutenable, voire, pour être plus net encore, simplement fausse:

"*Ce fut à Urbino — nous l'avons déjà dit — que Piero della Francesca peignit La Vierge et l'Enfant, entourés de saints et d'anges (Pinacothèque Brera de Milan). Arrêtons-nous à l'examen de la vaste coquille au-dessus de la tête de la Vierge et aussi à ce qu'on a considéré jusqu'à présent comme un oeuf rattaché par un fil à cette même coquille. Contrairement aux chercheurs qui nous ont précédé, nous osons croire que ces deux symboles (la coquille et l'objet qu'on a cru être un oeuf) doivent être interprétés ensemble. L'hymnographe byzantin Joseph le Studite (mort en 832) comparait la Vierge au Tabernacle du Logos et, en même temps, à une coquille ayant porté la perle divine. La comparaison du Christ à une perle revient, dans le Manuel d'iconographie chrétienne grecque et latine (édité par Didron et P. Durand, Paris, 1845, p. 209) et sur le philactère porté par Barlaam dans une fresque de l'église Saints-Pierre-et-Paul de Târnovo, en Bulgarie, et aussi dans la quatrième ode de «L'office votif de la Communion».*
Comment est-on arrivé à cette comparaison? «Saint Éphrem (IVe siècle), dans un sermon conservé en grec, voit une figure de la conception et de la naissance virginales de Jésus, dans la manière dont il explique la production de la perle. Quand la foudre tombe dans la mer, un mélange de feu et d'eau pénètre dans le coquillage, la perle se forme dans le crustacé et s'en sépare sans le blesser ou l'altérer en quoi que ce soit. Cette fable sur l'origine des perles devait avoir cours dans le peuple et provient du mythe d'Aphrodite. Ce sont les Gnostiques, qui, les premiers, en ont fait l'application à Jésus-Christ».
Nous nous permettons donc de penser, ne fût-ce qu'en tant qu'hypothèse de travail, que, dans ce cas aussi, on pourrait voir une transposition picturale d'une des odes de l'Acathiste dans ce fameux tableau de Brera.
Regardons une dernière fois cette peinture: qui est ce personnage ecclésiastique, le seul portant la barbe, aux côtés de Frédéric de Montefeltro agenouillé? On a pensé à saint Ubaldo ou à saint André. Dans le groupe à droite de la Vierge on reconnaît, entre autres saint Bernardin de Sienne

---

[22]*Tomo II. delle lettere di Marsilio Ficino*, appresso Gabriel Giolito de'Ferrari, 1563, pp. 78-79.

(mort en 1444). Lors de sa canonisation, le pape eut recours à Bessarion. Le portrait du cardinal grec figure dans le Studiolo (au Louvre) du duc Frédéric, ce qui n'est pas pour nous surprendre. En effet, c'est l'ancien évêque de Nicée qui baptisa Antonio de Fettro, un des frères du seigneur d'Urbino. Une Iliade en grec, cadeau de Bessarion à son filleul, se trouve encore dans la ville natale de Raphaël Sanzio. Le personnage en question serait-ce Bessarion?
Nous n'oserons l'affirmer (pour le moment du moins). Nous rappellerons cependant que Piero della Francesca avait peint un portrait du cardinal grec (il figurait aux côtés de Charles vu de France et du prince de Salerne). Il se trouvait au Vatican, dans la Chapelle Sixtine. La comparaison avec le personnage figurant dans le tableau de la Pinacothèque de Brera est rendue, malheureusement, impossible: cette peinture a disparu."[23]

L'extrait suivant confirme encore l'identité habituelle entre Vénus et la Vierge, bien que, là encore, nous allons le voir, l'idée, pourtant communément admise, de l'oeuf du tableau de Piero della Francesca comme objet ou motif propre du peintre est fausse (ce qui nous permettra de le réintroduire dans le *corpus* contextualisé de l'époque):

"Let's that aside, for the moment, as well as the magnificent and monumental perspective, which is a distinctive Piero della Francesca's feature, and focus on the egg. In fact the altarpiece is universally known for the pendent egg detail. Not for the shell in the canopy of the half dome though, since this iconographic theme is not unusual in the fifteenth century italian painting panorama, especially the Florentine and Venetian one. Many italian Madonnas have been portrayed under a huge marine shell. While this hanging down egg is a unique. So clear in its rendering to cause a state of perplexity among art critics, who have defined it "ostrich egg". Perhaps intending to underline a singularity which instead, back in renaissance, should have not."[24]

---

[23]Marinesco Constantin, "*Thèmes et types iconographiques d'origine byzantine dans l'oeuvre de Pisanello, Filarete et Piero della Francesca*", Comptes rendus des séances de l'Académie des Inscriptions et Belles-Lettres, 102ème année, No 3, 1958, pp. 286-287.
[24]http://www.labyrinthdesigners.org/alchemy-religious-art/piero-della-francesca-and-the-philosophical-pendent-egg/

3. Jésus et l'oeuf

Dialectisant la première citation du présent travail, dans sa *Dissertation physico-théologique touchant la conception virginale de Jésus* de 1742, 'abbé Pierquin écrit:

"*CINQUIÈME PROPOSITION*
Le Seigneur Jésus a pris naissance, selon la chair, dans un œuf de la Vierge Marie. Tous les saints du Vieux Testament, dit l'abbé Rupert, demandaient Jésus-Christ, et le cherchaient. Ils demandaient tres ardemment au Père des miséricordes, cet œuf que les oracles prophétiques avaient annoncé certainement et sans aucun doute. Cet œuf que le S. Esprit devait couvrir de son ombre, survenant en lui à la façon d'un oiseau qui se repose sur son œuf, jusqu'à ce que le poulet qu'il renferme y soit entièrement formé; c'est ce qui devait arriver, et c'est ce qui s'est fait.
On sait certainement deux choses touchant la conception du Seigneur Jésus; la première, que Marie est aussi véritablement sa mère qu'une femme ordinaire est mère de l'enfant qu'elle a conçu dans son sein; la seconde, qu'il a été formé dans les entrailles d'une vierge de la matière dont l'enfant est produit dans le ventre de sa mère, c'est-à-dire que la Sainte Vierge a donné au S. Esprit, pour former le Corps sacré de Jésus ce que les mères ont accoutume de fournir pour la génération de leurs enfants.
L'enfant naît d'un œuf dans le sein de sa mère, et les femmes, comme on l'a démontré d'une manière nette et convaincante, ne sont mères des enfants, dont elles deviennent grosses, qu'en fournissant, pour les former, des oeufs qui renferment en abrégé dans leurs germes des foetus entiers; il faut donc soutenir, pour raisonner conséquemment, que le Seigneur Jésus tire son origine tire son origine d'un œuf de Marie; et que cette fille de David a donné au S. Esprit, "un germe choisi" qui contenait en miniature le corps délicat de cet Enfant divin."[25]

L'origine de ce symbole est, pour le moins, reconnaissable dans la mythologie égyptienne[26] (et nous verrons que, plus généralement, indo-européenne, nous y reviendrons postérieurement, bien que brèvement, car il n'est pas ici de notre propos d'entretenir une histoire des religions comparées, mais de recadrer l'oeuvre de Piero della Francesca dans son époque, dans ses pratiques et dans ses croyances, qui, toutes trois, déterminent le motif en question de l'oeuf pendu du toit de l'abside):

"*Cette correspondance éclaire le lien que le lièvre entretient avec la fête de Pâques.*

---

[25]Jean Pierquin, *Dissertation physico-théologique touchant la conception de Jésus-Christ dans le sein de la Vierge Marie, sa mère*, Grenoble, Jérôme Millon, 1996, pp. 75-76.
[26]Comme c'est aussi le cas dans la relation Marie-Espérance-Isis, voir notre ouvrage: *Isis au Moyen Age: mutations, permutations: Essai sur le syncrétisme dans la mythologie de la Renaissance*, 2010.

Le lièvre
Cet animal est présent dans le folklore entourant la célébration de Pâques. Osiris est lié à l'œuf comme le souligne Fawzia Assaad: "le cercle de la vie et de la mort s'exprimait dans la tragédie d'Osiris comme le corps mystique du Dieu, lui-même représenté sous la forme d'un cercle. Quand Seth tua Osiris, il disloqua ses vertèbres en plusieurs endroits, fléchit ses jambes, força la tête entre les cuisses, l'enchaîna dans des cordes, l'enveloppa d'un linceul et donna au corps la forme d'un œuf, d'un très grand œuf". Osiris renaîtra de son œuf et l'œuf deviendra symbole de résurrection. Dans le rituel du mois de Khoïak à Denderah, on donnait à l'image d'Osiris Sokaris la forme d'un œuf et on l'enveloppait de feuilles de sycomore — symbole de la déesse Nout, pour qu'il naisse de nouveau" (Fawzia Assaad, Préfigurations égyptiennes de la pensée de Nietzsche, pp. 51-52)."[27]

"L'œuf servi aux repas de la Pâque n'a pas une origine moins ancienne; les Égyptiens notamment ont encore actuellement l'habitude de le teindre en rouge. Chez les Indous, les Babyloniens et les Perses, comme chez les Romains, les Germains et les Slaves, il figure l'œuf du monde dont toutes les choses sont tirées. L'aurore des temps doit reparaître: voilà le sens de cet usage antique et universel de l'œuf rouge mangé au retour du printemps quand la nature revient à la vie. L'œuf contient la vie comme le tombeau renferme le corps destiné à la résurrection; mais il viendra un jour où il sera créé un ciel nouveau et une terre nouvelle, et où l'homme sortira vivant du tombeau pour être établi le maître de la nouvelle création. De même que tout revit et refleurit au printemps, ainsi l'homme espère le réveil après la mort, et la résurrection du Sauveur ne peut que confirmer la croyance générale à la résurrection et à la glorification du corps."[28]

Dans le monde chrétien:

"Par ailleurs, l'œuf n'est qu'une invention diabolique des catéchètes pour embêter tout le monde. Son principe n'est pas inscrit dans la Mémoire. Le défi: les catéchètes trouveront-ils les grands principes dans la Mémoire? Les catéchumènes pourront-ils en faire de même pour l'oeuf?"[29]

L'oeuf auquel réfère l'auteur est celui-ci:

"Afin de rappeler en permanence que la Mémoire et les grands principes revendiquent une vie bonne et belle dont on prenne soin, chacun devra prendre soin d'un oeuf cru durant la durée du camp. On ne s'en sépare que durant la nuit."[30]

---

[27]Dibombari Mbock, *La Passion d'Osiris: Le Christ avant Jésus*, Lulu.com, 2014, p. 140. Citant Fawzia Assaad, *Préfigurations égyptiennes de la pensée de Nietzsche: essai philosophique*, Lausanne, L'Âge d'Homme, 1986, pp. 52-53, lequel compare également avec Dionysos.
[28]Johann Nepomuk Sepp, *Jésus-Christ: études sur sa vie et sa doctrine dans leurs rapports avec l'histoire de l'humanité*, Louvain, C.J. Fonteyn, 1869, T. II, p. 266.
[29]Maurice Baumann, *Jésus à 15 ans: didactique du catéchisme des adolescents*, Genève, Labor et Fides, 1993, p. 235.
[30]*Ibid.*, p. 234.

On retrouve bien là l'idée génésiaque de naissance du monde, associée à celle de protection et de tendresse, valeurs, vertus et motifs de Jésus et de sa mère.

4. L'image
4.1. Description du tableau
Le tableau de Piero della Francesca est ainsi décrit:

"*La Conversation sacrée (Sacra conversazione con la Madonna col Bambino, sei santi, quattro angeli e il donatore Federico da Montefeltro) est une œuvre de Piero della Francesca qu'il réalisa pour l'église San Donato degli Osservanti en 1472.*
C'est une huile sur bois de 248 cm × 150 cm. Elle est conservée à la Pinacothèque de Brera à Milan.
Il s'agit d'une œuvre commanditée par le duc d'Urbino, Frédéric III de Montefeltro, pour certains historiens pour célébrer la naissance de son fils, Guidobaldo; pour d'autres, ses victoires et ses conquêtes en Maremme.
Initialement peint pour l'église d'Osservanti di San Donato à Urbino, le tableau est transféré, après la mort du duc en 1482, à l'église San Bernardino, dans son mausolée.
Il s'agit d'une Vierge à l'Enfant en majesté (sur un trône), entourée de personnages sacrés placés de chaque côté dont le commanditaire de l'œuvre (thème iconographique chrétien dit de la conversation sacrée).
On reconnaît les saints à leurs attributs:
À gauche:
Saint Jean baptiste (bâton et vêtu de peau de chameau)
Saint Bernardin de Sienne (profil acéré reconnaissable)
À droite:
saint Jérôme (veste d'ermite et cape rouge d'évêque)
Saint François d'Assise (stigmates)
Saint Pierre martyr (blessure à la tête)
Saint Jean évangéliste (manteau rose et coiffure bouclée)
.../...
Le commanditaire de l'œuvre, Frédéric III de Montefeltro, est représenté en armure, à genoux devant le Christ (dans son prolongement) et il est peint sans les insignes attribués en 1475 par le pape Sixte IV (ce qui permet de dater le tableau avant 1474). Contrairement aux autres œuvres représentant Frédéric de Montefeltro, sa femme, Battista Sforza, n'apparaît pas, en effet elle était

déjà morte en couche avant l'exécution du diptyque, du triomphe, et sa place reste désespérément vide devant son mari dans la conversation sacrée."[31]

4.2. Les Saints et les anges

La présence d'anges derrière le groupe, comme accompagnants, rappelle le concert des anges, précisément, du panneau *Concert des Anges et la Nativité* du *Retable d'Issenheim* (1512-1516)[32].

Quant aux Saints qui entourent la Vierge à l'enfant, leur élection ne peut pas passer inaperçue.

Tout d'abord, le Baptiste tient son rôle typologique de préfiguration, mais, doublé ici par l'Évangéliste, l'autre Jean, celui qui restera avec la Vierge, après le martyre, il rappelle aussi l'avènement, par deux voies: l'annonciation (la sienne propre, dans son rôle de baptisateur, puis celle de l'arrivée au monde du Christ enfant) et la rédemption par la nouvelle alliance (par son rôle, là encore, de baptisateur, puis par celui de Saint Jean l'Évangéliste dans la référence à la *Passion* et sa conséquence dans l'introduction de la Nouvelle Loi pour l'humanité).

En ce sens, on n'aura pas de mal à comprendre la présence du Saint d'Assise, pour Italien, comme Bernardin de Sienne, celui-ci en outre contemporain, puisque mort à peine en 1444. Toutefois, Saint François représente, plus concrètement l'*Imitatio Christi*, auquel tend, comme on le verra, le sens de l'oeuf, en particulier d'autruche, en général pour le chrétien, mais aussi pour le prêtre.

---

[31] http://fr.wikipedia.org/wiki/La_Conversation_sacr%C3%A9e

[32] "*Panneau central: l'absence de moulure médiane d'encadrement à l'endroit où se rejoignent les deux panneaux fermant la caisse crée l'illusion d'un panneau central unifié (continuité spatiale des nouveaux polyptyques), bien que la composition soit bipartie. D'une part, le Concert des Anges, de l'autre, la Vierge et l'Enfant, séparés par un grand rideau vert sombre. Ce panneau est la partie du retable qui a suscité le plus de commentaires. L'ensemble de la composition est avant tout un hommage à Marie, dont les anges chantent les louanges et qui s'offre aux fidèles sous plusieurs aspects. Agenouillée sous le baldaquin du Concert des Anges, elle est l'Immaculée Conception mais aussi la Vierge au Temple, avant son mariage. Dans le panneau droit, elle est la Mère du Fils de Dieu qui s'est fait homme. Marie sera enfin la Vierge couronnée par les Anges, accomplissement suggéré à nouveau dans le Concert des Anges par deux anges portant sceptre et couronne au-dessus de la Vierge agenouillée.*"
(http://fr.wikipedia.org/wiki/Retable_d'Issenheim#Premi.C3.A8re_ouverture)

A son tour devient évidente alors la place que tient Saint Pierre, comme il est dû, de fondation de l'Église, que contient en germe l'enfant dès avant son parcours mystique, son sacrifice, et la transmission de sa charge pastorale aux apôtres et à Pierre. Pareillement, Saint Jérôme agit ici comme instaurateur du culte, scribe des Saintes Écritures.

4.3. Saint Bernardin

Reste à nous occuper du cas de Saint Bernardin, non moins évident, selon nous.

Nous avons évoqué le double caractère de contemporanéité et d'italianité de Bernardin, "*surnommé "l'apôtre de l'Italie" pour ses efforts en faveur du retour de la foi catholique dans son pays au XVe siècle*"[33], en référence et comparaison avec Saint François. Cette considération est confirmée par l'association des deux saints dans l'iconographie italienne de la Vierge à l'enfant, que l'on retrouve dans la fresque de Benozzo Gozzoli (1450) comme pour San Fortunato à Montefalco, comme, également, chez Alvise Donato dans son tableau de 1452 représentant *La Vierge à l'enfant avec Saint François et le donnateur Fra Jacopo da Montefalco* (à gauche) *et Saint Bernardin de Sienne* (à droite) (conservé au Kunsthistorisches Museum de Vienne)[34].

L'association entre les deux saints se répètent encore, entre un grand nombre d'autres, dans la tapisserie flamande de *L'Arbre de Saint François* (1471-1472); l'*Adoration* d'Altobello Melone; *Le Christ sur la Croix* d'Alvise Donato; dans l'abside (1452), encore de Gozzoli, de San Francesco à Montefalco (entre les également italiennes Sainte Catherine d'Assise et Sainte Catherine de Sienne); chez Guernico dans son *Saint Bernardin et Saint François en prière devant la Vierge de Lorette*[35].

---

[33] fr.wikipedia.org/wiki/Bernardin_de_Sienne; voir aussi http://www.wf-f.org/StBernardine.html et http://www.catholicnewsagency.com/news/st.-bernardine-of-siena-apostle-of-italy-celebrated-may-20/
[34] http://www.wikiart.org/en/benozzo-gozzoli/madonna-and-child-with-st-francis-and-the-donor-fra-jacopo-da-montefalco-left-and-st-bernardino-1452 et http://www.wf-f.org/StBernardine.html
[35] http://www.gettyimages.com/detail/illustration/st-francis-tree-by-flemish-work-1471-1472-15th-century-stock-graphic/115617885, http://www.christies.com/lotfinder/lot/altobello-melone-the-adoration-of-the-child-

Et il y a sans doute une raison à cela. L'abbé de Solesmes, Prosper Guéranger, le considérait comme "*le noble enfant de saint François*", mais en outre il rappelait qu'on le célèbre en relation avec "*le temps pascal*" de "*L'année liturgique*".

"*LE XX MAI.*
S. BERNARDIN DE SIENNE, CONFESSEUR.
Dans une autre saison de l'année liturgique, lorsque nous apportions nos hommages et nos vœux au berceau de l'enfant divin, une de nos journées fut consacrée à célébrer la gloire et à goûter la douceur de son nom. La sainte Eglise tressaillait de bonheur en prononçant ce nom chéri que son céleste Époux a choisi de toute éternité, et le genre humain respirait à l'aise, en songeant que le grand Dieu qui pourrait s'appeler le Juste et le Vengeur, consentait à se nommer désormais le Sauveur. Le pieux Bernardin de Sienne que nous fêtons aujourd'hui nous apparut alors portant dans ses mains et élevant aux regards des hommes ce nom béni entouré de rayons. Il invitait toute la terre à vénérer avec amour et confiance cette appellation sacrée sous laquelle se révèle divinement toute l'économie de notre salut. L'Église attentive acceptait ce signe sacré; elle encourageait ses fidèles à recevoir des mains de l'homme de Dieu un bouclier si puissant contre les traits de l'esprit des ténèbres, à goûter surtout un nom qui nous apprend jusqu'à quel excès Dieu a aimé le monde; et lorsque le saint nom de Jésus eut enfin conquis par son adorable beauté tous les cœurs chrétiens, elle lui consacra une des plus touchantes solennités du Temps de Noël.
Aujourd'hui le noble enfant de saint François a reparu, et ses mains tiennent toujours la glorieuse effigie du nom sacré. Mais ce n'est plus l'appellation prophétique de l'enfant nouveau-né, le doux nom que la Vierge-mère murmurait avec tendresse et respect, penchée sur son berceau; c'est un nom qui retentit plus fort que tous les tonnerres, c'est le trophée de la plus éclatante des victoires, c'est la prophétie accomplie en son entier. Le nom de Jésus promettait au genre humain un Sauveur; Jésus a sauvé le genre humain en mourant et en ressuscitant pour lui; il est maintenant Jésus dans toute la plénitude de son nom. Parcourez la terre, et dites-nous en quel lieu ce nom n'est pas connu; dites-nous quel autre nom a jamais réuni les hommes en une seule famille.
Les princes de la Synagogue ont voulu arrêter l'essor de ce nom victorieux, l'étouffer dans Jérusalem; ils ont dit aux Apôtres: «Nous vous défendons d'enseigner en «ce nom;» et c'est pour leur répondre que Pierre a prononcé cette forte sentence qui résume toute l'énergie de la sainte Église: «Mieux vaut obéir à Dieu qu'aux hommes.» Autant eût valu essayer d'arrêter le soleil dans son cours; et lorsque bientôt la puissance romaine s'est mise en devoir de mettre obstacle par ses

---

3957211-details.aspx?intObjectID=3957211,
http://www.poderesantapia.com/art/benozzogozzoli/montefalco.htm,
https://dg19s6hp6ufoh.cloudfront.net/pictures/612208778/mosaic/I_Santi_Bernardino_da_Siena_e_Francesco_d'Assisi_con_la.jpeg?1391532033,   http://www.universal-prints.com/english/fine-art/artist/image/alvise-donato/20423/1/135663/christ-on-the-cross-with-mary,-mary-magdalene,-john-the-evangelist,-saint-francis-of-assisi-and-saint-bernardine-of-siena/index.htm

édits à la marche triomphante de ce nom devant lequel tout genou doit fléchir, elle s'est vue réduite à l'impuissance. Au bout de trois siècles le nom de Jésus planait sur le monde romain tout entier. Armé de ce signe sacré, Bernardin parcourut au XVe siècle les villes de l'Italie armées les unes contre les autres, et souvent même divisées jusque dans leur propre sein. Le nom de Jésus entre ses mains devenait l'arc-en-ciel de la paix; tout genou fléchissait, tout cœur ulcéré et vindicatif s'apaisait, tout pécheur courait aux sources du pardon, dans tous les lieux où Bernardin avait arboré ce puissant symbole. Les trois lettres qui représentent ce nom à jamais béni devenaient familières à tous les fidèles; on les sculptait, on les gravait, on les peignait partout; et la catholicité acquérait pour jamais une expression nouvelle de sa religion et de son amour envers le Sauveur des hommes.

Prédicateur inspiré, Bernardin a laissé de nombreux écrits qui révèlent en lui un docteur de premier ordre dans la science de Dieu. Il nous serait agréable, si l'espace nous le permettait, de le laisser exposer ici les grandeurs du mystère de la Pâque; donnons du moins son sentiment sur l'apparition du Sauveur ressuscité à sa sainte mère. Le lecteur catholique verra avec joie l'unité de doctrine sur ce point si important régner entre l'école franciscaine représentée par saint Bernardin, et l'école dominicaine dont nous avons produit le témoignage à la fête de saint Vincent Ferrier.

«De ce que l'histoire évangélique ne donne aucun détail sur la visite que le Christ fit à sa mère pour la consoler, après qu'il fut ressuscité, on ne saurait conclure que le très-miséricordieux Jésus, source de toute grâce et de toute consolation, si empressé à réjouir les siens par sa présence, aurait oublié sa mère qu'il savait avoir été si pleinement abreuvée des amertumes de sa Passion. Mais il a plu à la providence de Dieu de ne pas nous manifester cette particularité par le texte même de l'Évangile, et cela pour trois raisons.

«En premier lieu, à cause de la fermeté de foi qui était en Marie. La certitude qu'avait la Vierge-mère de la résurrection de son fils ne fut ébranlée en rien, même pas par le doute le plus léger. On le croira aisément, si l'on veut réfléchir à la grâce très-particulière dont fut remplie la mère du Christ-Dieu, la reine des Anges, la maîtresse de l'univers. Le silence de l'Écriture à ce sujet en dit plus que l'affirmation même aux âmes vraiment éclairées. Nous avons appris è connaître Marie lors de la visite de l'Ange, au moment où l'Esprit-Saint la couvrit de son ombre; nous l'avons retrouvée au pied de la croix, mère de douleurs, se tenant près de son fils mourant. Si donc l'Apôtre a pu dire: «En proportion de ce que vous aurez eu part aux souffrances, vous «participerez aux consolations;» calculez d'après cela la mesure selon laquelle la Vierge-mère dut être associée aux joies de la résurrection. On doit donc tenir pour certain que son très-doux fils ressuscité l'a consolée avant tous les autres. C'est ce que la sainte Église romaine semble vouloir exprimer en célébrant à Sainte-Marie-Majeure la Station du jour de Pâques. Autrement si, de ce que les Évangélistes n'en disent rien, vous vouliez conclure que son fils ressuscité ne lui est pas apparu en premier lieu, il faudrait aller jusqu'à dire qu'il ne s'est pas du tout montré à elle, puisque les mêmes Évangélistes, dans les diverses apparitions qu'ils rapportent, n'en signalent pas une seule qui la concerne. Une telle conclusion aurait quelque chose d'impie.

«En second lieu, le silence de l'Évangile s'explique par l'infidélité des hommes. Le but de l'Esprit-Saint, en dictant les Évangiles, était de décrire celles des apparitions qui pouvaient enlever tout doute aux hommes charnels au sujet de la croyance en la résurrection du Christ. La qualité de mère eût diminué à leurs yeux le témoignage de Marie; et c'est pour ce motif qu'elle n'a pas été *alléguée, bien qu'il ne pût y avoir, assurément, parmi tous les êtres nés ou à naître, si l'on en excepte l'humanité de son fils, aucune créature dont l'assertion méritât mieux d'être admise par toute âme vraiment pieuse. Mais il fallait que le texte évangélique ne nous produisît que des témoignages qui fussent de nature à être émis en présence de tout le monde; quant à l'apparition de Jésus à sa mère, l'Esprit-Saint l'a laissée à ceux qui sont éclairés de sa lumière.*

«En troisième lieu, ce silence s'explique par la sublimité même de l'apparition. Après la résurrection, les Evangiles ne disent plus rien sur la mère du Christ, par cette raison que ses relations de tendresse avec son file furent désormais tellement sublimes, tellement ineffables, qu'il n'y aurait pas de termes pour les exprimer. Il est deux sortes de visions: l'une purement corporelle, et faible en proportion; l'autre qui a son siège principal dans l'âme, et qui ne convient qu'aux âmes déjà transformées. Admettez, si vous voulez, que Madeleine a eu part avant les autres à la vision purement corporelle, pourvu que vous reconnaissiez que la Vierge a vu avant elle, et d'une manière bien autrement sublime, son fils ressuscité, qu'elle l'a reconnu, et qu'elle a joui tout d'abord de ses délicieux embrassements dans son âme plus encore que dans son corps."[36]

Nous reviendrons sur l'importance de cette rédemption de l'infidélité, associée à la Fausse Doctrine et, donc, à la Synagogue, pour notre étude, par rapport à la question de la faiblesse de la foi des humains, par opposition ici à la force de celle de la Vierge.

Saint Bernardin est le disciple, également, de la Vierge[37] et de Saint Joseph[38], connu pour les sermons qu'ils leur dédia et sa piété envers eux. Il l'est donc aussi de la naissance de Jésus (voir son *Sermon sur le nom glorieux de Jésus*[39]).

Il réapparaît ainsi de nouveau comme l'un des deux Saints (l'autre étant Saint Léonard) dans la *Vierge à l'enfant* de Bernardino Butinone[40] et

---

[36]Prosper Guéranger, *L'Année liturgique*, Paris, H. Vrayet de Surcy, 1862, "Sixième Section. Le Temps Pascal", T. II, pp. 642-647. L'auteur spécifie d'ailleurs, dès la "*Préface*" du présent tome, p. V: "*Ce nouveau volume reprend la suite du Temps pascal au Lundi de Quasimodo, et conduit jusqu'au samedi qui précède le cinquième Dimanche après Pâques. L'abondance des mystères qui se pressent dans ces quarante jours que Jésus ressuscité passa encore sur la terre, ne nous a pas permis de pousser plus loin notre marche; mais, dans tous les cas, il nous eût été impossible d'aborder dans ce volume les hauts mystères de l'Ascension et de la Pentecôte, qui forment le complément du Temps pascal. Un troisième tome terminera cette sixième section de l'Année liturgique, et nous avons le désir de ne le pas faire attendre.*"
[37]Sermon sur "*Les sept paroles de Marie*", http://missel.free.fr/Sanctoral/05/20.php
[38]"*Sermon sur saint Joseph*", http://tfp-france.org/15376/sermon-sur-saint-joseph-de-saint-bernardin-de-sienne
[39]http://missel.free.fr/Sanctoral/05/20.php
[40]http://www.gettyimages.com/detail/news-photo/madonna-with-child-and-an-angel-st-leonard-st-bernardine-of-news-photo/450080415 On peut supposer une dévotion du peintre à son Saint éponyme.

chez Sano di Pietro (1465-1470) pour le Buonconvento de Sienne de l'église des Saints Pierre et Paul[41].

Dans ce cadre, il est intéressant de noter que, dans le cadre de ses sermons matrimoniaux, il se réfère à la comparaison explicitement maternelle, et donc, pour notre *corpus*, mariale de l'oeuf:

"Saurais-tu me dire quelle est la plus belle et la plus utile chose qui soit dans une maison? Est-ce d'avoir beaucoup de domestiques obéissants et bien habillés? Ce n'est pas cela. Serait-ce d'avoir du l'argenterie, des tentures de drap ou de velours? Ce n'est pas cela. Serait-ce d'avoir des enfants obéissants, sages et aimables? Non pas cela. Quoi donc? Le sais-tu? le sais-tu? C'est d'avoir une femme belle, grande, bonne, gage, honnête, douce, et qu'elle donne à son mari de petits enfants. Certes, c'est là le plus bel ornement qui puisse être dans une maison. Sais-tu comment est cette femme? Elle est comme le soleil qui illumine le monde, et, sur la terre, rien de plus beau que le soleil. Qui le dit? L'Ecclésiastique au chap. IV. Sicut sol ornamentum at in altissimis ita mulier sapiens in domo viri.

Il veut qu'on juge la femme, comme l'arbre, d'après ses fruits. Or, demande-t-il, peut-on voir un plus beau fruit qu'un petit enfant? N'est-ce pas le fruit de l'arbre planté dans le paradis terrestre et formé des mains de Dieu même? Aussi s'indigne-t-il contre ceux qui, ne sachant pas reconnaître la beauté de ce fruit, n'ont pas égard à la femme qui le leur donne.

Il est des hommes qui sauront mieux supporter une poule, à cause de l'œuf frais qu'elle pond tous les jours, qu'ils ne supporteront leur propre femme. Si, par hasard, la poule brise un pot ou un gobelet, ils ne la battent pas, pour n'être pas privés de son fruit qui est l'œuf, fous à enchaîner, vous ne savez pas supporter une parole de vos femmes qui vous font de si beaux fruits! car, si une femme dit une parole de plus qu'il ne convient à son mari, subitement celui-ci prend le bâton et commence à la battre: et la poule qui glousse toute la journée sans aucun repos, tu la supportes patiemment pour avoir l'œuf qui peut-être se cassera... Des maris bourrus battent leurs femmes, quand ils ne la trouvent pas assez parée, tandis qu'ils supportent que la poule fasse ses crottes jusque sur la table... Considère donc, malheureux, considère le beau fruit de la femme, et sois patient: il ne faut pas la battre pour la moindre chose. Non!...

La femme, pour notre prédicateur, est aussi celle qui gouverne la maison; ce lui est une occasion de peindre, avec la précision réaliste d'un maître hollandais, deux petits tableaux d'intérieur: d'une part, la bonne ménagère, tenant tout on ordre, rangeant son grenier, soignant l'huile, le vin et les salaisons, répartissant ce qui est à vendre et à garder, faisant filer et tisser la toile des draps, etc.; en opposition, l'homme qui n'a pas de femme pour tenir son ménage, et chez lequel tout est sale et en désordre; son huile se répand, et il se borne à jeter un peu de terre dessus; son vin tourne au vinaigre:

---

[41] http://www.museisenesi.org/museisenesistatici/SitoSiena/eng/SantiSenesi.html C'est ici la localisation de l'église qui indique la dédication au Saints siennois.

Au lit, sais-tu comment il se couche? Il dort dans un fossé, et le drap qu'il a mis sur le lit, on ne l'enlève pas jusqu'à ce qu'il soit déchiré. De même, dans la salle où il mange, gisent par terre les cosses de melon, des os, des épluchures de salade, et toutes sortes de choses laissées sur le sol, sans être presque jamais balayées. La table, sais-tu comment elle est servie? On pose tout sur la nappe qu'on n'enlève que quand elle est pourrie. Le billot est un peu nettoyé, parce que le chien le lèche et le lave. Les pots sont tous brisés. Va, regarde. Sais-tu comment vit cet homme? Il vit comme un animal. Je t'assure qu'on ne peut jamais bien vivre en vivant seul. Femmes, saluez!"[42]

4.4. Le donateur: Frédéric III de Montefeltro

En outre d'être "*connu pour avoir prêché contre les Juifs, les homosexuels, les «sorcières» et les «hérétiques». Certains de ces accusés périrent sur le bûcher*"[43], ce qui est important pour nous, comme on le verra (pour l'opposition entre la Vraie et la Fausse doctrine, son attention à la naissance du Christ comme principe de la Nouvelle Alliance se comprenant sans doute pour cela aussi) - et même si, donc, "*L'usure est un des principaux objets de ses attaques, et il est le principal instigateur de l'établissement de sociétés de prêts sur gages, aussi connues sous le nom de mont-de-piété*"[44] -, Saint Bernardin fut aussi:

"*... aussi le premier depuis Pierre de Jean Olivi à dédier une œuvre entière à l'économie. Son Tractatus de contractibus et usuris (Traité sur les contrats et sur l'usure) est consacré à la justification de la propriété privée, à l'éthique du commerce, à la détermination de la valeur et des prix, et à la question de l'usure. Sa plus grande contribution à l'économie est la discussion et la défense de la figure de l'entrepreneur. Il souligne que le commerce, comme les autres occupations, peut être pratiqué légalement ou illégalement, car toute profession fournit des occasions de pécher. De plus, les marchands assurent d'utiles services: transporter des marchandises d'une région riche à une région pauvre, préserver et entreposer des biens afin qu'ils soient disponibles pour le consommateur, et, comme artisans et comme entrepreneurs industriels, transformer des produits bruts en produits manufacturés.*"[45]

---

[42] Paul Thureau-Dangin, *Saint Bernardin de Sienne, 1380-1444: un prédicateur populaire dans l'Italie de la Renaissance*, Paris, E. Plon, Nourrit et Cie, 1896, pp. 235-236.
[43] http://fr.wikipedia.org/wiki/Bernardin_de_Sienne#cite_note-8, citant Franco Mormando, *The Preacher's Demons: Bernardino of Siena and the Social Underworld of Early Renaissance Italy*, University of Chicago Press, 1999.
[44] http://fr.wikipedia.org/wiki/Bernardin_de_Sienne#cite_note-catho-4, citant Paschal Robinson, « St. Bernardine of Siena, » *The Catholic Encyclopedia*, 1907, http://www.newadvent.org/cathen/02505b.htm
[45] http://fr.wikipedia.org/wiki/Bernardin_de_Sienne#cite_note-action-7, citant ction Institute, « St. Bernardino of Siena, » *Religion & Liberty*, volume 6, n°2, mars-avril, 1996, http://www.acton.org/pub/religion-liberty/volume-6-number-2/st-bernardino-siena

Il nous semble alors que, par rapport au donateur, dans cette "*conversation sacrée*" entre celui-ci et la Vierge, comme suprême intercesseur, et les Saints, ses accompagnants et adjuvants, peut exister une sorte de connexion idéologique, puisqu'on sait de Frédéric III Montefeltro les éléments suivants:

"Dans les années 1450, Frédéric combattit pour le roi de Naples et son allié le pape Pie II. Il se remaria avec Battista Sforza, issue d'une autre célèbre famille de condottiere qui étaient les maîtres de Milan. Dans l'accord avec les Sforza — Frédéric ne combattit jamais pour rien — il leur transférait le contrôle de Pesaro et recevait en échange Fossombrone, se faisant par là même un grand ennemi dans les Marches, Sigismondo Pandolfo Malatesta, seigneur de Rimini.
À partir de 1459, en Romagne, il combattit pour le pape Pie II, à nouveau contre Malatesta, à qui il infligea une sévère défaite sur le fleuve Cesano, près de Senigallia (1462). Le pape le nomma vicaire des territoires conquis, mais lorsque Pie II voulut reprendre personnellement le contrôle de l'ancienne capitale des Malatesta à Rimini, Frédéric se retourna contre lui et combattit à la tête d'une alliance des villes formée contre la puissance papale.
En 1474, le duché d'Urbino fut confirmé à Frédéric, par extension aux illégitimes du titre accordé à son demi-frère, par le pape Sixte IV qui maria son neveu favori Jean della Rovere (Giovanni) à la fille de Frédéric III, Jeanne (Giovanna). Dans le même temps, il fut nommé gonfalonnier de l'Église catholique romaine et ajouta, de ce fait, les attributs dits Gonfalone pontificio (Gonfalon pontifical) ou Basilica.
En août 1474, il fut nommé chevalier de l'Ordre de la Jarretière.
Frédéric combattit à nouveau contre ses anciens maîtres florentins à la tête de l'armée pontificale, après l'échec de la conspiration des Pazzi de 1478, dans laquelle Frédéric était fortement impliqué."[46]

"Federico (Frédéric) III (1422-1482), fils naturel de Guidantonio et successeur du fils légitime de ce dernier, Oddantonio, est une des grandes figures de son temps. En 1444, il reçoit du pape Sixte IV le titre de duc d'Urbin. Politique avisé dont la dont la seigneurie est une image du «bon gouvernement» selon les idéaux humanistes, il fait en même temps une brillante carrière de condottiere sous divers maîtres: Francesco Sforza (1444-1447), Florence (1447-1451), le roi de Naples, puis surtout le pape Pie II; il conquiert à son service l'essentiel des terres de son ennemi Sigismondo Pandolfo Malatesta (1462-1463) et le pape lui en cède la seigneurie, si bien qu'à sa mort la superficie de son État aura triplé. Par contre, il sauve la domination de Roberto Malatesta sur Rimini, menacée par les ambitions du pape Paul II, après la mort de Sigismondo Pandolfo (1469). Chef de la ligue italienne contre Venise, il est vainqueur de Bartolomeo Colleoni à la Molinella en 1467. Cinq ans plus tard, Florence le charge de réduire Volterra révoltée: il s'en

---

[46]http://fr.wikipedia.org/wiki/Fr%C3%A9d%C3%A9ric_III_de_Montefeltro#Biographie

empare après un bref siège; il prétendra toujours n'avoir été pour rien dans l'affreux saccage qui fut ensuite perpétré par les vainqueurs."[47]

"Frédéric de Montefeltro n'avait que douze ans, mais sa raison avait devancé l'âge, et sa conduite ni ses discours n'avaient plus rien de l'enfance. Fils de Bernard de la Carda des Ubaldini, célèbre Condottiere, il avait été adopté par Gui d'Antonio de Montefeltro, comte d'Urbin, et s'était vu pendant quelques années l'objet de toute la tendresse du comte. Un second mariage d'Antonio avec une Colonna et la naissance d'un fils avaient changé depuis la position de Frédéric, et lui avaient ravi cette première place qu'il occupait dans le cœur de son père adoptif. Malgré son jeune âge, il avait reconnu cette décadence de sa fortune, et il en avait ressenti une tristesse profonde. Trop fier pour se plaindre, il avait souffert en silence, et la hauteur de son âme l'avait préservé du découragement comme de la jalousie. Il avait veillé sur luimême avec une attention soutenue, et sa jeune raison s'était mûrie à l'exercice qu'il en avait fait. Je veux qu'il m'estime, s'il ne m'aime plus, s'était-il dit. Il avait certainement une très-grande part encore à la tendresse du comte; mais son esprit, offusqué par la comparaison incessante du présent au passé, ne lui permettait pas de faire ce discernement.
Une nature forte et généreuse comme celle de Frédéric ne pouvait manquer de donner les plus excellents fruits sous la direction de Victorin. C'était pour forcer l'estime des hommes que Frédéric avait supporté ses peines avec tant de courage et de dignité, Victorin lui apprit à les supporter ainsi pour Dieu. Elles étaient un fardeau qui accablait le pauvre enfant, une pensée plus habituelle de Dieu lui fit trouver ce fardeau moins pesant. Les larmes solitaires qu'il versait devinrent plus rares, et son cœur s'ouvrit plus aisément à l'amitié pour le jeune Oddone, le fils du comte d'Urbin. Quand il fut plus avancé dans la voie où son digne maître l'avait fait entrer, ses larmes ne coulèrent plus, et son cœur se porta sans effort vers Oddone. Il repassa dans son esprit les biens qui lui restaient; il s'étonna de s'être trouvé si à plaindre, et craignit d'avoir manqué de reconnaissance envers Dieu. Il accepta sans réserve la situation que les événements lui avaient faite, et la sérénité régna désormais dans son âme comme il s'était efforcé de la porter sur son front dans les plus cruelles angoisses. Que de biens ne vous dois-je pas, disait-il quelquefois à Victorin, et de quel péril où mon orgueil me précipitait ne m'avez-vous pas retiré!"[48]

"Quelques intrigues en Romagne préparoient déjà la vengeance de Visconti et de Sarpellion. Sigismond Malatesti, seigneur de Rimini, qui, pendant la guerre de la Marche, avoit donné un asile à Sforza son beau-père, ne possédoit qu'une partie des états de sa famille. Tandis que son frère Dominique régnoit à Césène, Galeazzo Malatesti, son cousin, étoit seigneur de Pesaro et de Fossombrone; et comme il n'avoit point d'enfans, Sigismond espéroit en hériter. Mais Galeazzo avoit pour conseiller et pour unique ministre, Frédéric, second fils du comte Guido de Montefeltro, qui n'étoit point favorable à Sigismond. Ce Frédéric, qui fut ensuite l'honneur de la maison de Montefeltro, passoit pour être un enfant adultérin. On Je croyoit fils de Berardino de la Carda des

---

[47] http://www.universalis.fr/encyclopedie/montefeltro-ou-montefeltre-les/
[48] Eulalie Benoît, *Victorin de Feltro ou de l'éducation en Italie à l'époque de la Renaissance*, Paris, Gaume Frères, 1853, T. I, pp. 200-201.

Ubaldini, un des meilleurs condottieri du commencement du siècle. Cependant, son père légitime, Guido, était mort le 20 février 1442. Oddo Antonio, fils aîné de Guido, lui succéda, et obtint du pape, au mois d'avril de la même année, le titre de duc d'Urbin. Mais son gouvernement devint bientôt insupportable au peuple; il fut tué dans un soulèvement, le ai juillet 1444, Frédéric fut rappelé de Pesaro, et succéda à la souveraineté de Montefeltro et d'Urbin. Peu de temps après, il s'attacha à François Sforza, pour apprendre l'art de la guerre sous ce grand capitaine. Il entra au mois d'août 1444, à son service, avec quatre cent une lances et quatre cent un fantassins. Il épousa ensuite une fille de Sforza; et négociant en son nom avec Galeazzo Malatesti, il acheta du dernier ses deux seigneuries, pour le prix de vingt mille florins. François Sforza, qui avoit fourni l'ar- 1$44. gent, réserva Pesaro pour en faire une petite principauté en faveur de son frère Alexandre Sforza, et il laissa Fossombrone à Frédéric de Montefeltro, comme récompense de son habileté dans cette négociation. Sigismond Malatesti vit avec un extrême regret ces petits états sortir de sa famille. Visconti eut soin d'aigrir son ressentiment; il fit entrer Sigismond à la solde d'Eugène IV, et il l'engagea à se tenir prêt pour le moment où Sforza pourroit être dépouillé de cette Marche d'Ancône qu'on lui envioit toujours."[49]

"Frédéric de Montefeltro, ennemi juré du seigneur de Rimini, & lié de parenté avec Galeazzo, prit sa défense. D'ailleurs il craignoit lui-même la puissance de Sigismond, & n'étoit pas fans inquiétude pour ses propres états. Aussi arriva-t-il que dans la fuite, au lieu de défendre Galeazzo, il rengagea à se démettre de la seigneurie de Pesaro en faveur d'Alexandre Sforce, fous prétexte du mariage qu'il avoit négocié entre celui-ci & la célèbre Confiance Varana, nièce de Galeazzo; de façon qu'il acquit un puissant allié, que perdoit Sigismond. Ceci se passa en 1445, & comme le traité fut fait sans le consentement du pape, à qui Pesaro devoit revenir après la mort de Galeazzo, Eugène IV fulmipa une excommunication contre Alexandre & ses partisans. Mais celui-ci s'étant mis en possession de Pesaro, il travailla à recouvrer quelques places dont Sigismond s'étoit emparé, aidé par son frère François, qui avoit nommé Frédéric capitaine général. Sur ces entrefaites, la ville d'Afcoli s'étant révoltée & s'étant soustraite à l'obéissance de François Sforce pour se donner à l'église, Alexandre craignit que la ville de Fermo ne suivit cet exemple, & chercha à la tenir en bride, mais inutilement, parce que la disette le mit dans la nécessité de rendre la roche. Notre auteur prouve ici contre Lilli, historien de Camerino, qu'Alexandre revenant de Fermo, ne traita point à Camerino avec les ministres du pape, & ne se ligua point avec eux. Cette réunion arriva plus tard, mais ne fut pas de longue durée; deux mois après il rejoignit fon frère, & ils commuèrent à reprendre les placés occupées par Sigifmond Malatesta. Nicolas V étant devenu pape en 1447, Alexandre se rendit à Rome pour faire lever l'excommunication lancée par son prédécesseur. Nicolas lui accorda non-feulement fa demande, mais encore lui donna l'investiture de Pesaro, tant pour lui que pour ses fils, & comme il défiroit infiniment de voir l'Italie en paix, il écrivit à Sigifmond pour l'engager à se réconcilier avec Alexandre. Constance, femme de celui-ci, gouvernoit Pesaro pendant son absence; mais cette dame, célèbre à la fois par fes écrits & par ses vertus, étant morte le 5 juillet de la même année, Alexandre épousa l'année suivante Sueva,

---

[49]Jean-Charles-Léonard Simonde Sismondi, *Histoire des républiques italiennes du moyen âge*, Paris, Chez Treuttel et Würtz, 1826, T. IX, pp. 222-223.

aujourd'hui appellée la bienheureuse Séraphine, fille du comte de Montefeltro. Il laissa de même à cette nouvelle épouse le soin de Pesaro pendant ses absences, & particulièrement pendant qu'il aidoit son frère François à conquérir le Milanez; & dans la fuite, Suève s'étant retirée en 1457 dans le monastère du St. Sacrement (corpus domini) fondé par la bienheureuse Felice Meda, ce fut son fils Constance qui gouverna pour son pere.

L'auteur saisit cette occasion pour nous apprendre beaucoup de choses intéressantes de la bienheureuse Séraphine, contre ce qu'en a écrit l'avocat Alegiani. En 1460 Alexandre maria à Frédéric une de ses filles, née de son premier mariage, & qui se fit aussi un nom dans la littérature. Nous passerons les expéditions militaires dont Alexandre s'occupa ensuite. Il rendit de grands services à Ferdinand, roi de Sicile, qui en revanche lui rendit des honneurs extraordinaires. La fortune ne lui fut pas auffi favorable lorsque le pape Paul II, ligué avec les Vénitiens, lui donna le commandement des troupes de la ligue, & qu'il marcha contre Robert Malatesta, dit le Magnifique, fils de Sigifmond.

A la mort de son pere, Robert étoit au service du pape, & comme Ifotte, fa belle mère, avoit pris possession de Rimini, il promit au pape de reprendre cette ville & de la remettre entre ses mains. Il s'en rendit maître en effet, mais il voulut la garder, & ayant imploré le secours rie Frédéric, peu affectionné au pape, & qui vouloit lui donner une de ses filles pour se faire un allié puissant, il entra dans la ligue de Galeazzo, duc de Milan, avec Ferdinand, roi de Naples, & les Florentins; il se mit sur la défensive. Alexandre n'oublia rien de ce que peut faire un habile général, mais la victoire se déclara pour Robert; l'armée d'Alexandre fut taillée en pieces, & lui même fut blessé. Enfin en 1473, comme il se rendoit à Venise, il fut frappé d'apoplexie, & mourut le 4 avril."[50]

"The modem legation of Urbino and Pesaro includes the whole of the old duchy. The original line of its princes, designated in elder chronicles as lords of Monte Carpegna (a desolate tract in the Apennines), had their first importance as Counts of Montefeltro — that mountainous district lying north of the city of Urbino, of which Penna Billi is tht largest town, and the fortress of St. Leo the most remarkable feature. This small fief was bestowed by Frederick Barbarossa on one of his followers in the year, and in the beginning of the next century we find a descendant receiving the investiture with additional territory from Frederick II., and soliciting a confirmation of the grant from the rival of the imperial power, Pope Honorius III. From about this time these feudatories of a double allegiance were designated indifferently as Counts of Montefeltro or of Urbino. Conquest, purchase, and prudent marriages further increased their dominions; but it was not till the sovereignty had descended to the line of Rovere that the nepotism of two Popes of that race added the important provinces of Sinigaglia and Pesaro. Dante has conferred on many of the noblest names of Italy the same immortality that some of our ancient families owe to Shakspeare. The readers of the Divina Commedia are familiar with the name of Count Guido of Montefeltro, although the insignificant page which it occupies in history may have escaped their notice. It is from the great poet alone that we learn both the crime and the punishment of this relapsed penitent.

---

[50]*Nouvel esprit des journaux français et étrangers, par une société de gens de lettres*, Paris, Chez la Veuve Valade, T. V, Quinzième Année, Mai 1786, pp. 117-119.

Foremost among the founders of his House's greatness, he was noted throughout his active life for cunning;
V opere mie
Non furon leonine ma da volpe—
'less my deeds bespake
The nature of the lion than the fox ' (Carey)—
is the confession wrung from him (Inferno, c. 27). But he had moments of contrition: and when he had reached that age, he relates, which to all reflective minds brings a chilling sense of the vanity of life, he was filled with remorse:—
fui om d'arme et poi fui Cordigliero. ...
Ciò che prima mi piacque allor m'increbbe,
E pentilo e confesso mi rendei.
'A man of arms at first, I clothed me then
In good Saint Francis' girdle....
That which before had pleased me then I rued,
And to repentance and confession turn'd.'—Carey. In the Franciscan convent at Assisi the abdicated prince sought the peace which the world can neither give nor take away; and here, but for an unexpected temptation, he might have persevered in his course of prayer and penance."[51]

"*Gubbio, 23 July 1453*
Source: A.C.G. Riformanze, 25, fol. 23a
Federico of Montefeltro,Duke of Urbino, grants with letters patent a further extension of one year to the condotta originally issued by the commune of Gubbio to Consiglio, son of Abramo, on 24 November 1441 for ten years and thus expiring in Novembre 1451. At the time the administrators of Gubbio did not renew Consiglio's contract for another ten-year period because they're not satisfied with his conduct in assisting the poor (et per alcun respecto il dicto Consiglio è stato che non ha prestato et facto subvenire le abisognose persone). If, after this later extension, it is decided not to renew the contract with Consiglio, he must declare the pawns deposited in his bank so that the citizens of Gubbio can redeem them. Magister Gaio, agent of Consiglio's bank, presents the letters patent of Federico of Montefeltro, with the one-year extension, to the Gonfaloniere di giustizia and consuls of Gubbio, who register them in the books of the commune, thus confirming their validity."[52]

On peut donc supposer une identité d'intérêt ou de nature entre le Saint qui écrivit sur les biens terrestres et l'ambitieux condottiere, vainqueur toujours, mais fils naturel, qui construisit sa fortune et sa gloire,

---
[51] *The Quarterly Review*, Vol. LXXXIX, juin & septembre 1851, pp. 97-98.
[52] Ariel Toaff, *The Jews in Umbria: 1435-1484*, Leyde, E.J. Brill, 1994, T. 2: *1435-1484,* p. 615.

et fut l'un des principaux princes[53] de son temps (il fut le disciple de Vittorino da Feltre[54], principal éducateur de la Renaissance[55], comme Laurent de Médicis le fut de Marsile Ficin), faisant du château de la petite ville d'Urbin l'un des plus importants centres intellectuels de son époque[56], et l'un des plus beaux aussi[57]. Prince, accessoirement, dédié aux questions financières, comme on le voit dans le dernier extrait cité, mais aussi dans le fait qu'il ne se battit jamais que pour des contreparties monétaires ou d'acquisition de terres et de seigneuries, et dans ses intrigues[58] comme sa *"probable participation à la conjuration* (dans l'assassinat de *"son demi-frère, le duc Oddantonio II de Montefeltro, qui venait d'être investi duc d'Urbino en 1443"*) *n'a jamais été éclaircie,* (qui lui permit de) *s'empar(er) du pouvoir à Urbino"*[59].

"Dans la constellation des seigneuries italiennes, une place toute particulière revient à Urbino. Petit centre enserré au milieu des collines de l'Apennin, il se transforme vite en lieu majeur de la Renaissance avec l'arrivée au pouvoir de Federico da Montefeltro, au point de devenir la capitale

---

[53]"Raphaël, né en 1483, baigne dès son plus jeune âge dans un climat artistique particulièrement favorable. D'une part, parce qu'il voit le jour à Urbino, capitale du duché de même nom, qui connaît à cette époque son apogée, sous le règne du duc Frédéric III de Montefeltro (1444-1482)." (Céline Muller, *Raphaël, «le gracieux»: L'apogée de la Renaissance italienne*, Namur, Lemaître Publishing, 2015, p. 10)
[54]Sismondi, T. X, p. 46.
[55]"*Né à Feltre de parents pauvres, Victorin de Feltre enseigna la rhétorique et la philosophie à l'université de Padoue. Il fut appelé en 1425 à Mantoue par Jean-François Gonzague qui lui confia l'éducation de ses enfants, et fonda dans cette ville une école modèle, qui fut longtemps florissante. Sa réputation tenait à ce qu'il ne s'attachait pas moins à cultiver le cœur que l'esprit de ses élèves. Il était réputé lui-même être un modèle de vertu.*
Parmi ses élèves, on cite Georges de Trébizonde, Théodore de Gaza et Frédéric de Montefeltre et Ognibene de Lonigo, qui continua à Vicence l'enseignement de Victorin.
Sa biographie a été écrite par Francesco Prendilacqua, qui fut son élève et lui succéda dans la direction de son école, sous le titre de Dialogus de Vita Victorini Feltrensis (1474). En 1460, Bartolomeo Sacchi, dit Le Platina, écrivit un Commentariolus de Vita Victorini Feltrensis." (http://fr.wikipedia.org/wiki/Victorin_de_Feltre)
[56]Voir Jennifer D. Webb, *The Making of the Montefeltro: Patronage of the Arts and Architecture During the Reign of Federico Da Montefeltro and Battista Sforza*, Bryn Mawr College, 2006. Voir aussi Laurie Adams et Maria Grazia Pernis, *Federico Da Montefeltro & Sigismondo Malatesta: The Eagle and the Elephant*, Berne, Peter Lang, 1996; et Cecil H. Clough, "*Daughters and Wifes of the Montefeltro: Outstanding Bleustokings of the Quattrocento*", *Renaissance Studies*, 10/1, mars 1996, pp. 44-45.
[57]Olga Raggio et Antoine M. Wilmering, *The Gubbio Studiolo and Its Conservation: Federico da Montefeltro's palace at Gubbio and its studiolo*, Metropolitan Museum of Art, 1999.
[58]Voir, par exemple, Marcello Simonetta, *The Montefeltro Conspiracy: A Renaissance Mystery Decoded*, New York, Knopf Doubleday Publishing Group, 2008.
[59]http://fr.wikipedia.org/wiki/Fr%C3%A9d%C3%A9ric_III_de_Montefeltro#Biographie

de la tendance mathématique et intellectuelle des arts. Federico était le fils bâtard de Guidantonio da Montefeltro et sa formation s'est faite loin d'Urbino. Il passe ainsi quinze mois à Venise, respirant un climat international et ouvert; puis il séjourne deux ans à Mantoue, à la cour de Gianfrancesco Gonzaga (qui régna de 1407 à 1444), où il est éduqué par Vittorino da Feltre, humaniste dont l'enseignement novateur et nullement académique formait les jeunes gens de grandes familles de l'époque. C'est là qu'on vit pour la première fois la gymnastique et les exercices du corps entrer dans le programme des écoles et se combiner avec l'enseignement scientifique. Federico se servait de ses connaissances pour en faire un usage pratique. Il deviendra en quelques années un des princes plus instruits d'Italie et un habile «condottiere» mettant au service de celui qui le désire ses talents militaires et diplomatiques. En 1444, succède à son demi-frère Oddantonio, tué pendant un soulèvement populaire. Il est probable, en réalité, que Federico n'a pas été étranger à la conjuration qui a entraîné la mort d'Oddantonio.
Federico épouse en 1460 Battista Sforza fille d'Alesandro Sforza, duc de Pesaro, ami et allié politique depuis des années. Battista, d'une remarquable intelligence, s'était montré à la hauteur de la tâche, elle qui devait représenter son mari durant ses longues périodes d'absence. Battista mourra en 1472 en mettant au monde l'héritier tant désiré à qui l'on donne le nom de Guidobaldo. La nouvelle atteint Federico alors qu'il se trouve à Florence, pour fêter une de ses plus belles victoires militaires pour le compte des Médicis: la prise de Volterra.
Grâce aux armes et à la science, Federico trouva la fortune et la stabilité qui lui permirent de consacrer la moitié de son règne à la poursuite de ses ambitions princières. L'iconographie de son palais à Urbino, d'une sereine harmonie, renvoie aux arts civilisateurs de la paix, rendus possibles par une conduite prudente de la guerre. Sous Federico, Urbino deviendra en quelques années un carrefour intellectuel et artistique avec des peintres comme Piero della Francesca, Paolo Uccello, Melozzo da Forli, Juste de Gand, Pedro Berruguete; des écrivains comme Baldassare Castiglione et Pietro Bembo; architectes comme Leon Battista Alberti, Luciano Laurana et Francesco di Giorgio et mathématiciens comme Luca Pacioli et Paulus von Middelburg, poètes et musiciens comme Ottaviano Petrucci. Le grand Raphaël qui naît à Urbino, et dont le père Giovanni Santi, fut peintre de cour, n'oubliera jamais sa cité natale."[60]

---

[60]http://www.aparences.net/art-et-mecenat/les-seigneurs-urbino/armes-et-lettres-urbino-sous-federico-da-montefeltro/

5. L'oeuf et l'Église

Est bien référencé la fréquence des oeufs d'autruches dans les églises au Moyen Âge. Ce qui renvoie l'oeuvre de Piero della Francesca dans un cadre plus général d'une iconographie et d'une pratique existantes.

"'Une grande partie des œufs que nous voyons pendus dans les Eglises font des œufs de Crocodiles: & toutefois pensons qu'ils sont oeufs d'Autruche."[61]

"ŒUFS D'OSTRICE. L'inventaire de Charles V a un chapitre pour les coupes d'Eufs d'autruce, et l'inventaire de Charles VI le reproduit. On rencontre ces citations fort tard. L'œuf d'autruche est appendu encore aujourd'hui dans les mosquées de l'Orient, comme il 'était dans nos églises, dès le XIIe siècle. Plusieurs raisons devoient faire rechercher ces grandes coquilles d'œuf, en premier lieu leur rareté; puis l'ignorance où l'on était, et les fables qui couraient sur le compte de l'autruche, tellement que beaucoup de ces œufs sont appeles, dans les textes, des œufs de griffons (Voyez ce mot); enfin, la forme parfaite de son ovale et quelques allusions symboliques dont je me garderai bien de chercer e sens.
(A) 1363. Deux coupes d'œufs d'otrice, convesclêes, essises sur piez d'argent esmaillez et les couvescles esmailliez, poisent vi mares, v onces. (Invent. du duc de Normandie.)
(B) 1380. Une couppe d'un oeuf d'autruce et est d'argent blanc, greneté dedans, esmaillée le pied par dehors et le couvercle pesant iij mares iij onces. (Inventaire de Charles V.)
(C) 1399. Une coupe dont le bassin est d'ostrusse par dedans cizelé, pesant trois mares. (Invent. de Charles VI.)
(D) 1416. Une couppe d'un œuf d'autrusse, garnie d'argent, doré, esmaillé, et sur le couvercle a un R et un C et sur le fretelet une aigle volant— — xxx liv. t. (Invent. du duc de Berry.)
(E) 1467. Ung pot d'un œuf d'ostusse, garny d'argent doré, où il y a sur le couvercle ung esmail taillié et esmaillié d'une estrange beste. (Ducs de Bourgogne, 2747.)"[62]

Et, dans l'église moscovite de Saboor:

"Le tableau qu'on prétend être de la façon de St. Luc à côté du grand autel, & repréfente une vierge Marie, à demi corps, avec un Chrift qui femble la baifer, aiant le vifage joint au fien. Ce tableau eft fort brun, & même prefque noir -, mais je ne fais fi c'eft un effet du tems, de la fumée des cierges, ou du goût du peintre: quoi qu'il en foit, il eft certain que ce n'eft pas grand' chofe, outre qu'on n'en

---

[61] Belon, p. 233. Extrait repris textuellement dans François-Alexandre Aubert de La Chesnaye des Bois, *Dictionnaire raisonné et universel des animaux ou le règne animal, consistant en quadrupèdes, cétacées, oiseaux, reptiles, poissons, insectes, vers, zoophytes, ou plantes animales: leurs propriétés en médecine; la classe, la famille ou l'ordre où chaque animal est rangé*, Paris, Chez Claude-Jean-Baptiste Bauche, 1759, T. I, p. 191.
[62] Léon de Laborde, *Glossaire français du Moyen Âge à l'usage de l'archéologue et de l'amateur des arts précédé de l'inventaire des bijoux de Louis, duc d'Anjou dressé vers 1360*, Paris, Adolphe Labitte, 1872, pp. 407-408.

voit que les vifages, les mains & tout le refte étant doré. Cette vierge a fur la tête une belle couronne enrichie de perles & de pierreries, & un colier de perles, qui pend fur sa robe. Ce tableau eft dans une niche fous laquelle il y a un fiege. On voit entre les deux colomnes du grand autel un grand chandelier d'argent à branches, comme ceux de nos églifes, lequel a été fait à Amfterdam. Il y en a trois autres de cuivre, bien placez au milieu de l'églife. Au reste on ne trouve pas beaucoup d'ornemens dans leurs églifes. Il y a pourtant dix lampes d'argent autour de l'autel de celle-ci. On n'y brûle point d'huile, parce que les Ruffiens ne s'en fervent pas, mais des bougies, qu'on met dans des tuyaux, pofez fur le haut des lampes. Ils attachent ordinairement un œuf d'autruche au bas des grands chandeliers. Au fortir du Patriarche cette églife, nous entrâmes dans celle du Patriarche, qui eft audeffus, petite & en forme de dôme. Il y a a droite dans un appartement oppofé à la chapelle, un tableau, qui repréfente Jefus-Chrift affis dans une chaife, tout doré à la referve du vifage & des mains d'une vierge Marie, un St. Jean Baptifte à gauche, & de châque côté un Apôtre à genoux, avec une lampe d'argent devant le tableau."[63]

Ces oeufs peuvent d'ailleurs servir de reliquaires:

"*ŒUF D'AUTRUCHE AVEC ARMATURE EN VERMEIL
CONTENANT DES RELIQUES DES SAINTES PRISQUE ET WALBURGE
Diamètre en longueur 0,17 m.
XIVe SIÈCLE
Le Reliquaire, reproduit Fig. 48, est remarquable par son originalité. C'est un œuf d'autruche, soigneusement vidé puis utilisé pour y renfermer des Reliques. Le Trésor de S. Servais en possédait autrefois huit, qui, à l'exception d'un seul, furent tous perdus ou brisés lors de l'invasion française en 1794. Quoique dans d'anciens Inventaires on rencontre quelquefois parmi les Reliquaires des œufs d'autruche, il n'en existe plus d'autre, pour autant que nous sachions, que celui de Maestricht, Ces œufs furent probablement apportés comme des curiosités orientales par les pèlerins der dernières Croisades, et destinés dès lors à servir de Reliquaires; cependant nous trouvons que. déjà au IXe siècle. le Pape S. Léon IV offrit à l'église de S. Pierre, parmi d'autres cadeaux, deux œufs d'autruche.
L'emploi de ces œufs comme dépôt de Reliques n'est pas sans signification mystique.
L'œuf, conservé à S. Servais, est signé de la lettre M et contient des Reliques des saintes Prisque V.M. et Walburge V. Suivant sa longueur il est serré dans quatre bandes étroites et dentelées, qui s'attachent, en haut et en bas au moyen de charnières, une feuille dorée taillée en octogone. La monotonie des bandes est ôtée par une rose à six feuilles, qui en occupe le milieu et qui est couverte d'une seconde rose ciselée, ont la forme et l'ornementation offrent beaucoup d'analogie avec les ornements des Reliquaires décrits plus haut (Fig. 26 et 30). A la partie inférieure de l'œuf est pratiquée une ouverture pour y introduire les Reliques. L'anneau attaché à la feuille supérieure et*

---

[63]*Voyages de Corneille Le Brun par la Moscovie, en Perse, et aux Indes Orientales*, Amsterdam, chez les Frères Wetstein, 1718, T. I, pp. 72-73.

la solide corde de soie verte, qui l'accompagne encore, prouvent qu'il a été destiné à être porté dans les supplications publiques."[64]

Finalement, dans son important article de 2002, Sebastian Bock[65] (qui reprend substanciellement celui d'Isa Ragusa[66]) pose bien la récurrence du motif de l'oeuf dans l'Italie dès la première Renaissance, de Piero della Francesca à l'autre *Sacra Conversazione* (1505) de Giovanni Bellini, en passant par la fresque de la tombe d'Antonio dei Fissiraga (après 1327, San Francesco in Lodi), au reliquaire en argent pour la Reine Isabelle par Francesco da Milano (1377-1383), une fresque de la Capella di S. Brizio de la Cathédrale d'Orvieto par Luca Signorelli (c. 1500), la *Vision de Francesco Antonio Ottoboni, prieur de S. Antonio di Castello* à Venise (peinture du cercle de Vittore Carpaccio, après 1511), un triptyque attribué à Galeazzo Rivella dit della Barba (actif entre 1524 et 1538), à Bartel Birtsch (Strasbourg, 1562). En citant Giulelmus Durantis, il rappelle encore, comme nous venons de le faire, en augmentant le fonds documentaire sur le sujet, que les églises avaient souvent de ces oeufs pendus:

"*We know that the suspended ovoid object in Piero's painting does not represent a unique case, but can be viewed in a wider context. The earliest known pictorial evidence for an ostrich egg mounted in metal and hanging from the ceiling is the upper fresco of the tomb of Antonio dei Fissiraga (after 1327) in San Francesco (fig 2). The figures present in the scene characterize the architectural setting of this fresco as an apparently religious building - note in particular the donor with the model church. This suggests that the object represented here might well be one of those ostrich eggs the use of which had been explained only a few decades earlier by Giulielmus Durantis*

---

[64]Chanoine Franz Bock et Vicaire Michael Antonius Hubertus Willemse, *Antiquités sacrées conservées dans les anciennes collégiales de S. Servais et de Notre-Dame à Maestricht*, Maestricht, Jos. Russel, 1873, pp. 193-194.
[65]Sebastian Bock, "*The "Egg" of the Pala Montefeltro by Piero della Francesca and its symbolic meaning*", Freiburg i.Br./Heidelberg, 2002, http://archiv.ub.uni-heidelberg.de/volltextserver/3123/1/PieroEgg.pdf
[66]Isa Ragusa, "*The Egg Reopened*", *Art Bulletin*, No 53, 1971, pp. 435-443. Que Bock cite dès la p. 2, dans les sources bibliographiques, et qu'il évoque encore treize fois dans le corps de son propre article, notamment lorsqu'il rappelle, p. 6: "*Ragusa, who was the first to make the connection between the example in Lodi and the Durantis passage, considered this entirely plausible also from a contextual point of view: "This is indeed a suitable thought in relation to the burial monument of a man who led an eventful life, running the gamut from betrayal for the sake of political expediency to acts of bravery and of charity to the church"*."

(1237-1296) in his *Rationale Divinorum Officorum,10* probably with reference to a late version of the Greek *Physiologus*:

"*In nonnullis ecclesiis ova structionum et hujusmodi, que admirationem inducunt et que raro uidentur, consueuerunt suspendi, ut per hoc populus ad ecclesiam trahatur et magis afficiatur. Rursus aiunt quidam quod structio tanquam auis obliuiosa dereliquit in sabulo oua sua, demum quedam stella uisa recordatur et redit ad illa et aspectu suo fouet ea. Oua ergo in ecclesiis suspenduntur ad notandum quod homo propter peccatam a Deo derelictus, si tandem diuino lumine illustratus recordatus, delictorum suorum penituerit et ad ipsum redierit, per aspectum misericordie illius fouetur, per quem etiam modo dicitur in Luca quod respexit Deus Petrum postquam negauit Christum. Suspenduntur etiam ut in illis unusquisque contempletur quod homo facile Deum obliuiscitur nisi per stellam, id est per Spiritus sancti gratiam influentem, illustratus ad eum redire per bona operea recordetur*".

(In some churches, ostrich eggs and other such things that cause admiration and that are rarely seen, used to be suspended, so that thereby people will be drawn to church and be all the more affected. Again, some say that the ostrich, as a forgetful bird, forgets its eggs in the sand and only when it sees a certain star is reminded and returns to them and warms them with its gaze. Eggs are thus hung in churches to signify that man, forsaken by God on account of his sins, - when he at last, illuminated by the light of God, remembers, regrets his sins and returns to Him - is warmed by His merciful gaze. It is in this same way, as is written in Luke, that the Lord looked back at Peter after he had denied Christ. They [the eggs] are thus suspended in churches so that each and everyone contemplates that man easily forgets god unless he is illuminated by a star, that is, by the influence of the grace of the Holy Spirit, and remembers to return to Him through good works.)

Ragusa, who was the first to make the connection between the example in Lodi and the Durantis passage, considered this entirely plausible also from a contextual point of view: "*This is indeed a suitable thought in relation to the burial monument of a man who led an eventful life, running the gamut from betrayal for the sake of political expediency to acts of bravery and of charity to the church*". The possible link with the meaning of the vault's starry sky, which might constitute an analogy for the egg to the symbolism of the "ostrich-egg-lamps" in, e.g., Coptic churches, has already been pointed out by Galavaris. Since the wall painting is part of a sepulchral decoration, Ragusa takes the ostrich egg to be not just a symbol of the birth of Christ, but also an allegory for his death and resurrection. The latter interpretation seemed to Gilbert "*reasonably implied*" and has also been adopted by Bussagli16 and Lightbown. To this end, Ragusa - while conceding that "*any egg can be used in connection with the Resurrection*" - refers to "*a tradition for the actual use of ostrich eggs at the foot of the holy cross and at the Holy Sepulchre*". The factual basis of this unreferenced, sweeping statement is left unclear. If, with respect to the cross, she is thinking of the *Cristo de los huevos* in the Cathedral of Burgos, it must be pointed out that in this unique instance the egg shells are attached to the bottom of the cross itself, rather than hung from the ceiling. And in case her mention of the continued use of egg shells today at the Holy Sepulchre refers to those pieces found mostly in connection with lamps, this can hardly be used as an *argument for an interpretation as a symbol of resurrection (see further discussion on this point below)."*[67]

Il en cite encore en notes les exemples suivants des lampes que nous décrivions par des références de voyageurs, et sur lesquelles nous reviendrons, et au genre desquelles appartient l'élément au-dessus de la Vierge à l'enfant de Bellini:

"29 For this type of lamp, cf. a very similar type in the Church of the Holy Sepulchre in Jerusalem: Alexander Kariotoglou, Jerusalem: Mother of churches; dwelling-place of God (Alimos: Miletos, 1997), fig. without. page no.
30 "... Has [i.e. reliquiis] predictus venerabilis Alexander episcopus devotissime amplexatus in ovo strutionis deaurato honorifice recondidit et, ne cui deinceps movendi eas facultas daretur, anuli sui sigillo extrinsecus diligenter munivit. Postea vero ante altare Beate Marie idem ovum in catena ferrea laqueari picto affigi precepit ...". "(... These [i.e. the relics] the above-mentioned, venerable and highly esteemed Alexander had devotedly kept in a gilded ostrich egg, with all due honor, and so that henceforth nobody should have the opportunity of removing them, he had secured it diligently on the outside with the seal of his ring. Indeed, he then ordered this egg to be affixed by an iron chain to the panelled ceiling in front of the altar of the Blessed Mary ...)", cited after: Zofia Kozłowska-Budkowa, "Płockie zapiski o cudach z r 1148," Kwartalnik Historyczny 44 (1930): 341-48, esp. 346; Lech Kalinowski, "Najstarsze inwentarze skarbca katedry krakowskiej jako źródło do dziejów sztuki w Polsce," in Cultus et Cognitio: Studia z dziejów średniowiecznej kultury, ed. Stefan Kuczynski (Warsaw: Panstw, Wydaw, Naukowe, 1976), 404.
31 "Ova di struzzolo pendenti sopra l'altare di S. Giovanni si rassettino e pulischino," see Karl Frey, ed., Le Vite de' piu eccelenti pittori scultori e Architettori: Scritte da M. Giorgio Vasari, vol. 1 (Munich: Müller, 1911), 338.
32 Meiss, 111.
33 "3 ferris ad sacellum regium factis pro appendendis ovis strutii et imagine Veronica"; they are attested once more in 1638: "Imago Crucifixi pendent ante altare et duo ova strutionum compacta," see Andrzej Fischinger, "Strusie jaja w Kalicy Zygmuntowskiej," Symbolae historiae artium. Studia z histori sztuki Lechowi Kalinowskiemu dedykowane (1986): 403–6.
34 Heinrich Otte, Handbuch der kirchlichen Kunst-Archäologie des deutschen Mittelalters, vol. 1., ed. Ernst Wernick, 5th ed. (Leipzig: Weigel, 1883), 213, without further details or supporting evidence.
35 Pierre Belon du Mans, L'Histoire de la Nature des Oyseaux: Facsimilé de l'édition de 1555, avec introduction et notes par Philippe Glardon (Paris: Droz, 1997), 233: "Grande partie des oeufs que nous voyons pendus par les eglises, sont oeufs de Crocodille: & toutesfois pensons qu'ils sont oeufs d'Autruche".

---

[67]*Ibid.*, pp. 4-6.

36 See Sebastian Münster, *Cosmographia: Beschreibung aller Lender* (Basel, 1548), fol. dcccvii ("*Von den Straussen*"): "*Er legt vil eyer/ vnd die seind groß/ wie man sie dann hin vnd haer in Teutschland in der Kirchen auffgehenckt ...*"; Geronimo Cardano, *Hieronymi Cardani Medici Mediolanensis De Subtilitate Libri XXI* (Nuremberg: Petreius, 1550), 241: "*... oua [strutionis] caput infantis magnitudine referunt rotunda, cū sensescunt ebur effingunt. Suspendi solent in tplis, diu enim manent, quod durissima sint, humor'que exempto quasi ossea redduntur*"; Conrad Gesner, *Vogelbuch, darin die Art/ Natur und Eigenschafft aller vögeln sambt irer waren Conrafactur/ anzeigt wirt ...* (Zurich, 1557), p. CCXXXVII [under '*Straußenvogel*']: "*Diese eyer in mitten abeinanderen zerschnitten/ gebend gute trinckgeschirr. Man pflegt sy in die Kirchen aufzehenken dann sy mögen lange zeyt wären/ darumb daß sy hart sind/ und daß sy/ wenn die feüchte darauß kommen/ gantz beinin werdend, saget Cardanus.*".[68]

Sur la récurrence des oeufs d'autruches elle-même dans les églises:

"*As long as scholarship does not succeed in finding pictorial or textual documents to underpin the contention that ostrich eggs hanging in western religious buildings, at least in the fourteenth and fifteenth centuries, had a universally accepted symbolic significance coinciding with one of above-mentioned previous interpretations, these will always, and on principle, remain contestable. Our present state of knowledge thus allows only one possible and correct conclusion: to refer back to the only historical sources known until now in which this phenomenon is explained.*
The first (non-symbolic) explanation by Durantis, namely that ostrich eggs, and similar such rare things ("et hujusmodi") arousing admiration, were hung inside religious buildings so as to draw people to church and to affect them all the more, is certainly not atypical from a western perspective and for the time of the author, who, incidentally, refers to the interpretation of this custom in the past tense. In Europe, ostrich eggs are likely to have been considered rare exotica until deep into the fourteenth century. Moreover, they were, in fact, not the only mirabilia to be admired in religious spaces. One only needs to think of the bones, elephant teeth, tortoise shells, "horns of unicorns" (narwhal teeth), whale ribs, sharks, crocodiles and legs of giants, which were displayed – partly suspended – in different European churches.56 This aspect is supported by a French source of 1372: "On pent' es esglises les oeufs de l'ostruce pour grant excellence, pour leur grandeur et pour ce que il en est peu en ce pays".57 Also the remark by Niccoló da Poggibonsi in his Libro d'oltramare (1346-1350) can be interpreted in the same way: "And this bird [i.e. the ostrich at the court of the Duke Hugh Ibelin in Cyprus] lays eggs so big, that we hang them up through the churches [...]".58 Whether such an interpretation of the eggshells was still current in the advanced fifteenth century is, however, highly doubtful in view of the numerous ostriches that were imported and held in menageries, where they also produced eggs.

56 See the relevant examples in Ruth Keiser, ed., *Thomas Platter d.J.: Beschreibung der Reisen durch Frankreich, Spanien, England und die Niederlande 1595-1600* (Basel, Stuttgart: Birkhäuser,

---

[68]*Ibid.*, notes 29 à 36 pp. 12-13.

1968), 525; Otte (as in n. 34), 213f.; (Falk) "Curiosa und Raritäten in den Kirchen," Geschichtsblätter für die mittelrheinischen Bisthümer 1 (1884): col. 76-78, esp. 76f.; Sauer (as in n. 50); Guido Schönberger, "Narwal-Einhorn: Studien über einen seltenen Werkstoff," Städel-Jahrbuch 9 (1935/1936): 167-247, esp. 202, 215; Julius von Schlosser, Die Kunst- und Wunderkammern der Spätrenaissance: Ein Beitrag zur Geschichte des Sammelwesens, 2nd ed. (Braunschweig: Klinkhardt & Biermann, 1978), 19ff., fig. 5, 6b, 7, n. 17, 19, p. 244; Adolf Reinle, Die Ausstattung deutscher Kirchen im Mittelalter (Darmstadt: Wissenschaftliche Buchgesellschaft, 1988), 298f., fig. 80; Costantino Del-Frate, Santa Maria del Monte sopra Varese (Chiavari: Civicchioni, 1933), 183f.; Guiseppe Papagno et al., Santa Maria delle Grazie sei secoli mantovani di arte storia e devozione (Mantua: Sometti, 1999), fig. on p. 4, p. 171f. with fig., p. 180f. with fig.
57 Cited in Victor Gay, Glossaire archéologique du Moyen age et de la Renaissance, vol. II: H-Z (Paris: Éditions Auguste Picard, 1928), 167.
58 Niccolò da Poggibonsi, A Voyage Beyond the Seas (1346-1350), Theophilus Bellorini and Eugene Hoade, transl., Publications of the Studium Biblicum Franciscanum, no. 2, part 2 (Jerusalem: Franciscan Press, 1945), 92. Cf. also the German 15th-century translation, enlarged probably solely on the basis of own experience: "[...] vnd ist der [Straußen]uogel der do gros ay legt die do wir in der kirchen auff hencken bey den altaren", cited after Clive D. M. Cossar, The German Translation of Niccolò da Poggibonsi's Libro d'oltramare, Göppinger Arbeiten zur Germanistik 452 (Göppingen: Kümmerle, 1985), 131.
59 Gilbert, 253-254, advanced an interpretation according to which Durantis prefers his first to his second explanation ("giving it as a simple fact, while the second is what 'some say' [aiunt quidem]"), but neglects the possibility that these could easily have been two different uses that occurred independently of, yet parallel to, each other (in the North and South?). Nor can we exclude the possibility that already at the time of Durantis a certain overlapping of the two interpretations came about. See the study referred to in n. 8, above."[69]

6.a. De l'oublieuse et hypocrite autruche et de son oeuf

"Le salut du chreſtien eſt en Ieſus Chriſt.
Le fondement de tout noſtre ſalut eſt de croire en Ieſus Chriſt, ſans l'aſſiſtance & faueur duquel, nous ne pouuons faire ne commettre choſe qui ſoit bonne & ſainte. Car c'eſt luy qui eſt la voye & la vie ſalutaire, comme l'eſcriture teſmoigne.
L'exercice du bon enfant.
Le ſage enfant enqueſtra de tous les hômes anciens, & employera son temps és Prophètes & en toutes bónes & fructueuses disciplines. Il gardera toujours les parolles & enſeignemens des hommes vertueux & bien renommez, & ſur tout cheminera és ſtatuts & ordonnances de ſon Dieu.
Comparaison des Autruches aux Ypocrites.

---

[69]*Ibid.*, pp. 17-18 et notes 56 à 58 p. 17 & note 59 p. 18.

L'Autruche eftendant fes aefles & belles plumes fait femblant de vouloir voler, neantmoins elle ne s'efleue point de terre: ainfi font les ypocrites, lefquels par externe apparence repréfentent grande fainteté & religion, mais c'eft tout, car le dedans est du tout contraire au dehors."[70]

Le concept de l'autruche est bien affirmé et répandu dans l'époque. On le retrouve encore ici:

"C'est ce qui a fait dire à saint Bernard, que les hypocrites veulent estre humbles, mais que leur humilité est bien difterente de celle du Fils de Dieu; car car elles ne veillent pas estre comme luy l'opprobre des hommes, & l'objet de leurs railleries: Volunt esse humiles, fine de Spectu.
Si ces singes de la vraye sainteté ne veulent point souffrir de mépris, leur penchant naturel est de mépriser les autres, & de trouver à redire à la vie de tout le monde. Rien n'est bien fait que ce qu'ils font, & on diroit à les entendre, qu'ils ont une commission particuliere du Ciel pour reprendre, pour corriger, & pour reformer toute la terre. Faux zelateurs qui ne censurent les autres comme le Pharisien de l'Evangile, que pour se faire estimer plus vertueux, & qui disent en mots couverts en méprisant les autres: Non sum ficut coeteri hominum; je ne fuis pas comme les autres. Quand vous voyez donc ces hommes & ces femmes qui font profession de devotion, observer les autres pour les censurer, concluez hardiment; voila un hypocrite, c'est saint Bernard qui le dit: Hypocritae volunt esse sine authoritate indices, sine visu testes, postremo falsi accusatores, & omni veritate carentes.
Dieu par le Prophete Osée les compare à un arc trompeur: Facti sum quasi arcus dolosus. Un arc est trompeur, quand visant d'un côté il envoye la flèche de l'autre. Et voila ce que font les faux devots, leur cœur semble viser à la pure gloire de Dieu, mais il donne dans la leur propre. Job les compare à l'Autruche, selon l'explication de saint Gregoire: l'Autruche, dit-il, a les aîles toutes semblables à celles de l'Eprevier: Penna struthionis similis est penna accipitris: mais elles ne leur font semblales que dans la couleur, & non pas dans la vertu & dans la force. L'Autruche étend ses aîles pour voler aussi-bien que l'Eprevier, mais arrêtée par son propre poids, elle ne peut s'élever de la terre. Ainsi l'hypocrite ouvre ses aîles & fait mine de voler au Ciel par une humilité profonde aussi-bien que les justes; mais il tient tout à la terre par le poids de son propre cœur, & il ne s'en separe jamais. Et c'est où je puise la troisiéme difference entre la veritable sainteté & la fausse, que la premiere ne s'attache qu'a Dieu seul; & que la seconde ne vise par avarice qu'à son profit particulier, & à s'établir commodément & heureusement dans le monde. C'est le sujet de la troisiéme Partie de cette Homelie."[71]

---

[70] Pierre Habert, *Le miroir de vertu et chemin de bien vivre, contenant plusieurs belles histoires, & sentences morales, par quattrains & distiques, le tout par alphabet. Avec le stile de composer toutes sortes de lettres*, Paris, Claude Micard, 1581, p. 20.
[71] Jean-Baptiste Le Vray, *Homélies ou Explication littérale et morale des évangiles de tous les dimanches de l'année*, Paris, Edme Couterot, 1690, T. IV: "*Depuis le fecond Dimanche d'après la Pentofte jufqu'au feiziéme*", le passage de l'homélie ici reproduite correspond au VIIème Dimanche après Pâques, pp. 145-146.

Les termes restent toujours les mêmes, formant un *corpus* idéologique serré.

"Du Saint Cierge d'Oeuf, Village Voifin de la Ville de faint Paul, en tirant du cofté de Hefdin. Jésus Chrift difoit autres fois á tes chers Difciples, dans fon Evangile felon S. Luc au chapitre onze, que Dieu ton Pere eft trop bon pour donner un fcorpion iceluy qui luy demande un œuf. Cette bonté paroît dans plufieurs Habitans du Village d'Oeuf, qui ne font pas femblables aux Juifs des pechés defquels Dieu fe plaignoit autrefois, comme de la caufe qui empechoit fa puiffance de les fauver, en portant fon Prophete Ifaye a dire d'eux, au 59 chapitre de fa prophetie, qu'il avoient caffe des œufs d'Afpic & que ceux qui en mangeroient ne manqueroient pas. de mourir. Car il les a prefervez de ce malheur, en leur donnant par un foin particulier, pour leur protectrice, fa glorieufe Mere, qui, loin de leur être cruelle comme une autruche dans le defert, qui oublie fes oeufs & les abandonne aux pieds des paffans, & aux bêtes des champs, felon Iob, au chapitre 39 de son livre; & comme l'a été Jerufalem à l'endroit de fon Seigneur, ainfi que s'en eft plaint par avance le Prophete Ieremie, au 4. chapitre de fes Lamentations, les couve au contraire fous les aifles de fa charité maternelle, bien mieux que la plus naturelle de toutes les poules ne couve fes chers pouffins. Mais comment la Sainte Vierge a-t-elle eu une follicitude fi finguliere des habitans d'Oeufs? C'eft en ne s'étant pas contentée qu'ils ayent reçu de fon Fils, & par fes mains (comme le dit S. Bernard, generalement de toutes les graces) la lumiere furnaturelle de la foy; mais encore en leur ayant fait donner, & en leur confervant un Saint Cierge qui vient de celuy d'Arras, à la prefence duquel je me perfuade, que, quand ils fe font precipitez, ou veulent fe precipiter dans l'aveuglement de quelque peche ou de quelque paffion déreglée, elle leur fait tomber des yeux de l'efprit, cet aveuglement, comme le jeune Tobie ayant tenu pres d'une demie heure, une partie du fiel du poisson dont il avoit eu peur d'être devoré fur les yeux de fon pere aveugle, il en fit tomber une taye blanche femblable à celle d'un œuf, comme le livre du même Tobie en fait foy au chapitre onzieme."[72]

6.b. Saint Grégoire et la salvation par le Christ face aux hypocrites et aux autruches

Grégoire Ier, dans ses *Morales sur le Livre de Job*, exprime bien le sens moral de l'autruche, et de son oeuf:

"CHAPITRE III.
Que depuis la conversion des Princes temporels, l'Eglife n'a pas eftée moins dangereusement perfécutée par les faux frères, qui c'y font introduits pour complaire à ces puiffances -. Et contre les hypocrites qui n'ont que l'apparence de vertu, & non les actions, par lefquelles feules on peut discerner les élus des réprouvez.

---

[72]Nicolas Fatou, *Discours sur les prodiges du saint Cierge apporté par la Très Auguste et Très miséricordieuse Mère de Dieu dans l'église Cathédrale de la Ville d'Arras, la Capitale de l'Artois, le 27 jour de may de l'an 1105*, Arras, Veuve d'Anselme Hudsebaut, 1696, pp. 81-82.

Comme les princes de la terre se soumettent maintenant à Dieu avec vne profonde humilité, les méchans qui estant infidelles persecutoient l'Eglise tout ouvertement, ont recours à vne conduite différente & plus artificieuse. Parce qu'ils croyent que les princes dont ils dépendent, ont beaucoup de respect pour les personnes religieuses, ils en embraffent extérieurement la profeffion, & fous vn habit vil & abjet ils peinent & affligent souvent les bons par des moeurs toutes corrompues. Gardant toujours dans le coeur l'amour du monde, ils font paroistre aux yeux des hommes tout ce qui en peut attirer l'estime & la vénération; & ils se joignent, non pas d'esprit, mais seulement d'habit & de profeffion, à ceux qui ont vn véritable mépris d'eux-mesmes. Comme ils ne peuvent obtenir la gloire du monde par la paffion qu'ils ont pour elle, ils la fuivent indirectement comme par la voye du mépris; & ils montreroient bien quels sentimens ils cachent dans le coeur contre les bons, s'ils trouvoient quelque occafion favorable de déployer contre eux leur mauvaise volonté.

Mais l'Eglife sainte ne sçauroit accomplir son pèlerinage sur la terre, sans souffrir les peines des tentations; & quoy qu'elle n'ait pas au dehors des ennemis découverts, elle est contrainte de supporter au dedans les fecrettes perfécutions des faux frères. Elle est sans-ceffe fous les armes contre les vices, & au milieu de la paix elle a toûjours vne guerre à soûtenir. Et peut-estre souffre-t-elle vne affliction plus senfible lors que sans estre expofée aux coups de ses ennemis étrangers, elle est fecrettement combattue par les moeurs dépravées de ceux qui font dans son fsein. Ainfi en quelque temps que ce soit, de paix ou de guerre, elle est toujours dans la peine & dans le travail. Durant la perfécution des princes, elle craint que les bons ne se pervertiffent: & quand les princes font convertis, elle souffre la diffimulation des méchans; qui feignent d'eftre bons, encore qu'ils ne le foient pas.

C'est pourquoy Dieu ayant dit comment cette licorne eftoit liée, il ajoute enfuite, pour marquer l'hypocrifie des méchans: Les plumes de l'autruche font femblables à celles du faucon & de l'épervier. Tout le monde fçait que les faucons & les éperviers furpaffent de beaucoup par la légèreté de leur vol les autres oifeaux. L'autruche a des plumes auffi-bien qu'eux, mais elle n'a pas le vol comme eux. Elle ne peut s'élever de deffus la terre, & ouvrant fes ailes, elle fait feulement femblant de voler; mais elle ne se fçauroit foutenir en l'air. Tous les hypocrites en font de mefme. En feignant d'imiter la vie des bons, ils n'ont que l'apparence des bonnes oeuvres; mais ils n'en ont pas la vérité.

Le Seigneur condáne cette duplicité des plumes de l'autruche, lors que reprenant les Pharifiens qui n'eftoient pas dans leurs actions, tels qu'ils paroiffoient à l'exterieur, il leur dit: Malheur à vous, Docteurs de la Loy & Pharifiens hypocrites qui eftes semblables des fepulchres blanchis, - qui au dehors paroiffent beaux aux yeux des hommes, mais qui au dedans font pleins d'offemens de morts & de toute forte de pourriture. Ainsi au dehors vous paroiffez juftes aux yeux des hommes, mais au dedans vous eftes pleins d'hypocrifie & d'iniquité. Comme s'il leur difoit: Il femble avoir vos plumes, qu'elles vous devroient élever en l'air; mais la pefanteur de voftre vie corrompue vous retient à terre. Et c'eft de cette pesanteur dont il eft dit dans vn pfeaume: Enfans des hommes, jufques à quand aurez-vous le coeur appefanty? Or Dieu nous affure qu'il convertira l'hypocrifie de cette autruche dont il eft icy parlé, lors qu'il dit par la bouche d'vn prophète: Les beftes des champs, les dragons & les autruches le glorifieront. Que fignifient les dragons, finon les efprits dont la malice n'eft point cachée, & qui rampent continuellement sur la terre par la baffeffe de leurs penfées & de leurs défirs? Et que nous marquent les autruches, finon ceux qui feignent d'eftre bons, & qui n'ayant qu'vne apparence de fainteté, figurée par des plumes qui femblent devoir voler n'en ont pas les oeuvres. Ainfi Dieu dit que les dragons & les autruches le glorifieront, parce qu'il en convertit fouvent & de ceux qui font méchans ouvertement, & de ceux qui font fauffement bons, en les foumettant à fon service avec fincérité & du fond du coeur. Ou bien l'on peut dire que les beftes des champs, c'eft à dire les dragons & les autruches glorifient Dieu, lors que les Gentils qui eftoient depuis fi long-temps les membres du démon, fervent à élever fa vraye foy. Il les reprend fous le nom de dragons, à caufe de leur méchanceté; & il les appelle autruches, à caufe de leur diffimulation. Car ils ont eu des plumes, & néanmoins ils n'ont pu voler; puis qu'ils ont eu la raison, & qu'ils ne l'ont pas fuivie dans leurs actions.

Mais il y a encore plusieurs chofes à confidérer plus particulièrement dans l'autruche, & dans le faucon & l'épervier, dont l'Ecriture parle icy. Car ces deux derniers oifeaux ont le corps fort petit, & font foûtenus: par de grandes & de fortes plumes, & c'eft pour cela qu'ils volent tres-legerement. L'autruche au contraire a tres-peu de plumes, & a le corps prodigieufement gros, & pefant; en forte que lors qu'elle s'efforce de voler, la foibleffe de fes plumes ne peut foutenir en l'air vn corps fi maffif. On peut donc par le faucon & l'épérvier, entendre les élus, qui ne peuvent vivre en ce corps mortel, fans eftre entachez de quelques petites fautes. Mais quoy qu'il y ait en eux quelque chofe du péché qui les appefantit, il y a infiniment plus de vertu dans les actions de leur vie, qui les éleve vers le ciel. L'hypocrite au contraire fait fort peu de chofes qui l'élevent, & en fait beaucoup qui l'appefântiffent. Car il n'eft pas absolument fans faire aucun bien; mais eu mefme temps il commet beaucoup de mal, qui étouffe ce peu de bien. Le peu déplumes dont eft couvert le corps de l'autruche, ne la peut pas foutenir en l'air: parce que la multitude des méchantes actions des hypocrites, accable le peu de bonnes actions qu'ils ont pratiquées.

Il eft encore vray que quoy que les plumes du faucon & de l'épervier reffemblent en couleur à celles de l'autruche, elles ne font pas néanmoins femblables en vertu. Car les premieres font, fermes, & ferrées, & ont la force de preffer & à battre fortement Tair en volant: au lieu que celles de l'autruche font flexibles & comme à jour, & n'ont pas la force de la foutenir en l'air; parce qu'au lieu de le preffer au deffous, elles fe laiffent passer au deffus. Qu'eft-ce que nous marque cecy, finon que les vertus des élus font fermes & folides, & qu'elles s'élèvent en l'air, en reprimant au deffous d'elles le vent des louanges? Mais quelques droites & bonnes que pâtoiffent les actions des hypocrites, elles ne peuvent les faire voler, dautant que les plumes de leurs vertus n'eftant pas bien ferrées, & laiffent pénétrer par le moindre vent; des applaudiffemens des hommes.

Or l'exterieur des bons & des méchans eftant quelquefois le mefme, & les apparences des élus & des réprouvez eftant fouvent toutes femblables, en quoy pourrons-nous difcerner par la veuë de noftre efprit, les élus des reprouvez, & les faux Chreftiens des véritables? Il ne fera pas bien difficile de le faire, fi nous imprimons soigneusement dans noftre mémoire ces paroles inviolables de noftre maiftre: Vous les reconnoiftrez par leurs fruits. Ainfi il ne faut pas confidérer les apparences, mais les effets.

CHAPITRE IV

Que les âmes nouvellement engendrées en Iesvs-Chrift, ont befoin d'eftre nourries & élevées par les falutaires-inftructions & les bons exemples de leurs Pafteurs: & qu'encore que les Pafteurs hypocrites les abandonnent, Dieu ne laiffe pas d'en foutenir quelques-vnes au milieu des méchans, par les grâces qu'il communique par luy-mefme: pour apprendre mefme aux bons Pafteurs, par les chofes qu'il fait fans leur miniftère, que c'eft luy qui opère le bien dans les coeurs de ceux qu'ils inftruifent.

Aprés avoir parlé de ce qui paroift dans l'exterieur de l'autruche, l'Ecriture en marque les actions, disant enfuite: quand elle laiffe fes oeufs fur la terre. Que fignifient les oeufs, finon le fruit encore tendre, qui a befoin d'eftre long-temps échauffé & nourri pour arriver à la perfection d'vn oifeau vivant; Car les oeufs n'ont pas de fentiment en eux-mefmes, jufqu'à ce que la chaleur les ait fait éclorre. Il en est de mefme des enfans fpirituels & de ceux qui commencent à écouter la parole de Dieu. Ils demeurent froids & infenfibles -, s'ils ne font fans-ceffe échauffez par de foigneuses & de fréquentes exhortations des prédicateurs. Afin donc qu'ils ne languiffent pas dans leur froideur & leur infenfibilité, il faut que la voix de leurs pafteurs les échauffe continuellement, jusqu'à ce qu'ils puiffent vivre par l'intelligence, & voler par la contemplation.

Mais comme les hypocrites en faifant fouvent le mal, ne ceffent point de prefcher le bien; & qu'en le prefchant, ils engendrent quelquefois des enfans fpirituels dans la foy & la converfion à Dieu, mais ne les peuvent nourrir & élever par l'exemple d'vne bonne vie; l'Ecriture dit fort bien icy, en parlant de cette autruche: quand elle abandonne fes oeufs fur la terre. Car l'hypocrite néglige le foin de fes enfans fpirituels, en fe donnant de tout fon coeur à l'amour des chofes du monde: de forte que plus il s'attache d'affection à ces biens extérieurs, moins il eft peiné de la perte de fes enfans. Ainsi abandonner fes oeufs fur la terre, c'est negliger les enfans fpirituels qu'on a engendrez par vne vraye converfion à Dieu; & ne les point élever de la baffeffe des actions de la terre, c'eft ne leur point donner l'exemple d'vne vie célefte: parce que quand les hypocrites ne font point échauffez du feu de la charité, ils fe mettent fort peu en peine du froid de leurs oeufs; c'eft-à-dire de l'infenfibilité de ceux qu'ils ont engendrez; & plus ils s'appliquent, aux chofes du monde, plus ils fouffrent que leurs enfans fpirituels agiffent avec négligence.

La providence divine néanmoins ne délaiffe pas toujours ces enfans abandonnez des hypocrites, & prend foin d'en réchauffer par les favorables influences de fa grâce quelques-vns qu'elle a fecrettement élus dans fa prefcience eternelle. C'est pourquoy le Seigneur dit enfuite: Les échaufferez-vous dans la pouffière? C'eft-à-dire, comme moy qui embraze quelquefois de mon amour ces âmes tendres & foibles, lors mefme qu'elles vivent parmi les pécheurs. Car que peut-on entendre par la pouffière, finon le pécheur?

Et vn prophète nous marque que le démon fe repaift de la perte de ce pécheur, lors qu'il dit: La pouffière est le pain du ferpent. Et en effet la pouffière ne fignifie-t-elle pas l'inftabilité des méchans, felon ces paroles d'vn pfeaume: Il n'en eft pas de mefme des impies; mais ils font comme la pouffière que le vent emporte de deffus la furface de la terre? Dieu donc échauffe les oeufs qui font abandonnez dans la pouffière, lors qu'il embraze du feu de fon amour, au milieu mefme des méchans, les âmes foibles de fes enfans, qui ne font point cultivées du foin des pafteurs.

C'eft pour cela que nous en voyons plusieurs qui vivant au milieu du fiécle, ne meinent pas la vie pareffeufe de ce mefme fiécle. C'eft pour cela que nous en voyons plufieurs qui fans s'éloigner du commerce des gens du monde, ne laiffent pas de brûler intérieurement du feu du ciel. C'eft pour cela que nous en voyons plufieurs qui s'échauffent pour le dire ainsi parmy les glaces. Et comment y en pourroit-il avoir d'embrazez des défirs du ciel, au milieu du froid des hommes terreftres, si Dieu ne fçavoit bien fart de réchauffer, ces oeufs abandonnez dans la pouffière; & fe diffipant le

froid & l'infenfibilité dont ils font faifis, il ne les ranimoit par vn efprit de fentiment & de vie: afin qu'ils ne languiffent plus dans la baffeffe des chofes inférieures; mais que devenant des oyfeaux vivans, ils s'élèvent au plus haut des airs, par le vol leger de la contemplation des chofes céleftes.
Il faut remarquer que dans ces paroles Dieu ne condamne pas feulement les méchantes actions des hypocrites; mais qu'il prend auffi le foin de reprimer la vanité qui fe peut gliffer dans celles mefme des bons pafteurs. Car en marquant icy qu'il rechauffe luy-mefme les oeufs qui ont efté abandonnez dans la pouffière, il fait affez voir que c'eft luy feul qui opère au dedans du coeur par les paroles extérieures de fes docteurs: puifque mefme fans fe fervir du miniftère des paroles d'aucun homme, il échauffe ceux qu'il luy plaift jufques dans le froid de la pouffière: Comme s'il difoit clairement aux prédicateurs de fa vérité: afin que vous ne doutiez point que c'eft moy qui parle par voftre bouche quand vous prefchez, je parle moy-mefme fans vous, quand il me plaift, aux coeurs des hommes."[73]

Le concept de "*conversion*" par Saint Grégoire expliquerait alors parfaitement, en référence à l'oeuf, la présence de celui-ci, à partir de notre *corpus*, dans l'oeuvre de Piero della Francesca:

" *Car l'hypocrite néglige le foin de fes enfans fpirituels, en fe donnant de tout fon coeur à l'amour des chofes du monde: de forte que plus il s'attache d'affection à ces biens extérieurs, moins il eft peiné de la perte de fes enfans. Ainsi abandonner fes oeufs fur la terre, c'est negliger les enfans fpirituels qu'on a engendrez par vne vraye converfion à Dieu; & ne les point élever de la baffeffe des actions de la terre, c'eft ne leur point donner l'exemple d'vne vie célefte: parce que quand les hypocrites ne font point échauffez du feu de la charité, ils fe mettent fort peu en peine du froid de leurs oeufs; c'eft-à-dire de l'infenfibilité de ceux qu'ils ont engendrez; & plus ils s'appliquent, aux chofes du monde, plus ils fouffrent que leurs enfans fpirituels agiffent avec négligence.*
La providence divine néanmoins ne délaiffe pas toujours ces enfans abandonnez des hypocrites, & prend foin d'en réchauffer par les favorables influences de fa grâce quelques-vns qu'elle a fecrettement élus dans fa prefcience eternelle. C'est pourquoy le Seigneur dit enfuite: Les échaufferez-vous dans la pouffière? C'eft-à-dire, comme moy qui embraze quelquefois de mon amour ces âmes tendres & foibles, lors mefme qu'elles vivent parmi les pécheurs. Car que peut-on entendre par la pouffière, finon le pécheur?"

6.c. L'oeuf d'autruche et le sang du Christ comme rédemption du Péché

L'explication de l'utilisation de l'oeuf d'autruche, difficile de comprendre autrement, puisque l'image est pieuse, est par le caractère de

---

[73]*Les Morales de S. Grégoire Pape sur le livre de Job*, Paris, Chez Pierre Le Petit, 1669, T. III, pp. 594-599.

rédemption qu'apporte le sang du Christ à l'autruche oublieuse et menteuse:

"Cette duplicité déguifée fous un nom spécieux eft aymée, lors que la malice de l'efprit paffe pour vne ciuilité, & pour vne bien-feance de conuerfation.
Dieu a en horreur cette mode, & eft fi ennemy d'vne ame diffimulée qu'il n'en peut fouffrir la figure en fes facrifices. Ne feroit-ce point pour ce fujet qu'il n'auroit point voulu receuoir l'Autruche pour victime fur fes Autels. Le fainct Homme Iob parlant de cét oyfeau, difoit: "Penna ftruthionis fimilis eft pennis herodÿ & accipitris." La plume de l'Autruche eft femblable à celle du Faucon, & de l'Epréuier. Si nous confiderons la nature de fes oyfeaux, nous trouueröns que le Faucon & l'Epréuier ont des petits corps, & de grandes & fortes aifles, qui par vn effort furpaffant le vol des autres oyfeaux fendent l'air à merueille. Mais l'Autruche a vn grand corps & des petites aifles qui n'ont que la couleur, & non la vertu des autres. Mais fi nous recherchons le fens moral, faint Gregoire nous dira, que l'Autruche eft le fymbole d'vne ame, qui eftant mauuaife, affecte de paroiftre bonne, & qui témoigne des volontez d'obliger, & lors qu'elle medite quelque malicieux deffein pour nuire; ceft la mode du monde d'vfer de duplicité, & de diffimulation. Hé quoy, mon Dieu, permettez-vous que cette mode regne toufiours dans le monde au prejudice de la voftre? quand eft-ce que nous verrons l'accompliffement de cét Euangile Ifaye: "Glorificabunt me beftrix agri, & ftruthiones". Les beftes du champ me glorifieront, les Dragons, & les Autruches. Si les Dragons nous figurent les pecheurs ouuertement méchants, ha, mon Sauueur, le fang que vous auez verfé fur la Croix, fera-t'il toufiours inutile à ces ames perduës? fe glorifieront-elles toufiours dans leur iniquité? ces Dragons infecteront-ils toufiours l'air par leurs blafphemes, apres auoir efté fanctifiez par voftre mort? ces Autruches images des ames diffimulées, ne prendront-elles iamais des plumes veritables? voftre cofté ouuert fur la Croix, & voftre vifage découuert à l'opprobre, ne changeront-ils point les volontez de ces ames rebelles & couuertes, qui couuent dans leur fein la malice? ces efprits diffimulez feront-ils toufiours des Singes couuerts de la peau d'vn Lyon? ces ames doubles feront-elles toufiours des harpies fanguinaires auec la face d'homme?"[74]

De fait, pour ainsi dire, les considérations morales sur l'autruche par les théologiens trouvent leur équivalent biologique dans les descriptions de l'époque, comme celle de Belon[75], dans les exacts mêmes termes.

---

[74]Léandre de Dijon, *Les vérités de l'Evangile, ou l'idée parfaite de l'amour divin*, Paris, Denys Thierry, 1662, T. II, p. 441.
[75]Pierre Belon, *L'histoire de la nature des oyseaux, auec leurs descriptions, & naïfs portraicts retirez du naturel: escrite en sept liures*, Paris, Chez Guillaume Cauellat, 1555, p. 233.

6.c.1. L'autruche, le prêtre et le chrétien

Le statut de l'autruche comme symbole se meut entre les images du croyant et du prêtre, et sa place dans les églises y revient:

"La lampe orientale est toujours suspendue entre deux oeufs d'autruches, & vis-à-vis du Prêtre qui célèbre; pour le faire souvenir, que de la même manière, que cet oiseau ne couve ses oeufs, à ce que disent ses Naturalistes, que par le regard seulement; & que ses oeufs se gâtent incontinent, si ce regard n'est pas continuel, & sans intermission: qu'ainsi il doit être attentif, quand il prie Dieu pendant le Sacrifice, ou qu'autrement ses prières perdent leur vertu, & ne lui procurent point auprès de Dieu ce qu'il demande."[76]

"Dieu conduit ce troupeau par le ministère des hommes qu'il établit fur leurs frères; C'est à eeux là à qui son Apôtre commande ici de prendre garde à tout le troupeau: Ce n'est pas que quand il se trouue des Pasteurs qui exercent ce sacré Ministre auec negligence, comme il ne s'en rencontre que trop, Dieu ne puisse bien garder son Eglise & faire son oeuure; Car comme quand l'autruche abandonne ses oeufs fur le fable, ainsi qu'il est dit au liure de Iob, fanf fe soucier fi le pied des paffans les écrasera, ou fi les beftes des champs les fouler ont Soleil supplée au défaut de cette befte oublieuse & dénaturée, & les fait éclorre pat fa chaleur: Ainsi quand les Pafteurs font negligens enuers les peuples, quand ils ont la cruauté de laiffer croupir les pécheurs dans leurs vices, fans se mettre en peine s'ils fe fauuent ou s'ils se damnent; ou quand ils abádonnent leurs troupeaus, pour courir à leurs diuertiffemens, ou pour s'occuper aux affaires de cette vie: Dieu supplée à ce défaut en faueur des éleus, les enseignant par son Esprit, les confolant par fa grâce, & les picquant secretement d'vn vif repentir de leurs fautes, Mes brebis, dit-il lui mefme, ont efté exposées en proie pout eftre deuorées par les beftes des champs par le défaut des Pafteurs &. Ce fera moi mefme qui les ferai reposer dans de bons pafturages, & qui mefme les comblerai de benedictions. Mais encore qu'il le puiffe faire immédiatement par foi mefme; puis qu'il adonné des Pafteurs à fon Eglife pour parler familièrement à elle par la bouche des hommes parce qu'elle en eft composée, il veut eftre fanctifié en ceux qui s'approchent de lui, ou par leur fidelité dans leur charge, ou par fes iugemens quand ils y manquent: Il benit en fa grace ceux qui feruent fon Eglise auec zele; & il maudit en fa colère ceux qui s'en acquittent mal, felon ce qu'il difoit au Souuerain Sacrificateur Heli. "I'honorerai ceux qui m'honoreront, & ceux qui me méprifent feront méprifés.""[77]

*"Du second Dome qui coudre le Sacré mont du Caluaire.
Tout ioignant ce Dome duquel nous venons de parler, il y en a vn autre à l'Oriant plus eleué, mais non pas si large que celuy-là: comme tous les deux ensemble ne font que la mefme Eglife, celuy-cy*

---

[76] Père Johann Michael Vansleb, dominicain du couvent de la Minerve à Rome, *Histoire de l'Eglise d'Alexandrie, fondée par S. Marc, que nous appelons celle des Jacobites-Coptes d'Egypte. Ecrite au Caire même, en 1672 & 1673*, Paris, Veuve Clousier et Pierre Promé, 1677, p. 50.
[77] Pierre Mussard, *Sermons sur divers textes de la saincte Escriture*, Genève, Pour Pierre Chovet, 1673, pp. 637-639.

couvre le Sacré Caluaire & le Chœur & celuy-là couvre la Neffe, & le faint Sepulchre & il y a de l'vne des extremitez à l'autre, cent & quatre pas. Vis-à-vis du saint Sepulchre, entre l'vn & l'autre Dome, est vn Autel de pierre, depuis long-temps difputé entre nous & les Grecs, deuant lequel, pend vne lampe d'argent, qui pefé plus de cent & quelques liures, qui a efchappé deux fois par miracle des mains sacrilèges des Grecs qui la vouloient defrober. Cét horrible attentat ne manqua pas de châtiment au lieu mefme où il auoit efté commis: Car ce maudit Sacrilège fut empalé au milieu de la place deuant l'Eglise du faint Sepulchre. Cet Autel eft au milieu d'vne petite place de fept pas en quarré, qui eft au deuant du Choeur dans lequel, à droicte, & à gauche ii y a de refte vne éleuation d'vn demy pied de maffonnerie, fur laquelle eftoient éleuées les chaires. Ce chœur a quarante cinq pas de long, iusqu'a la chere du Patriarche, & en a quinze de large.

Aprochant le méme milieu l'on void vn trou dans le paué fait dans vne pierre de marbre blanc d'vn pied en carré, que les Schifmatiques croyent eftre l'embouchure des Limbes: Où criât à pleine tefte & entendant l'Echo qui refpond dans les citernes, dont nous auons parlé, s'imaginent que c'eft la voix de leurs parens & amis qui leur refpondent. Sur cefte ouverture eft fufpendu vn fort beau candélabre de cuiure qui a quarante huit pieds de circonférence: au cour duquel font soixante & douze Chandeliers: Il eft de figure octogone, souftenu par huit branches maffifues de même matière, de la grosseur du bras, longues de plus de quinze pieds, qui vont se ioindre & s'vnir en haut, ou elles font attachées auec deux chaines de fer suspendues à la voûte; au tour duquel pour embellissement pendent seize oeufs d'Autruches & autant de petits tableaux peints &e dorés fur le bois, ou sont représentés les mystères de la Passion. Il y en a vn autre petit au milieu de celuy-cy, où l'on peut mettre soixante quatre cierges. A l'extremité du Chœur cirant à lOrient font deux chaires l'vne plus belle & plus éleuée que l'autre, c'est celle du Patriarche, & l'autre est celle de l'Euefque: Celle-là au côté de l'Epître, & celle-cy de l'Euangile.

Auançant du côté du maistre Autel, en quittant ces deux Thrónes de fix pas on monte quatre degrez, pour aller au lieu qui fait la féparation du Chœur & du Maistre Autel, où correfpondent deux belles grandes portes, aux pilliers defquelles font attachées deux grandes chaines de fer qui s'vniffent à la voûte ou pendent quarante œufs d Autruche, & autant de lampes, que l'on allume aux grandes folemnitez. A l'extremité de ce Dome derrière le maiftre Autel, eft vn efcallier de pierre de taille de huit ou neuf marches qui est toute l'espace de la rondeur de la moitié de cemesme Dome. N'est-ce pas vn malheur qui ne peut prouenir que des péchez des Chreftiens de l'Europe, que ce beau lieu foit entre les mains des Grecs, Schifmatiques, où il y auroit pour placer commodément cent Religieux, & il n'y a pour l'ordinaire qu'vn ou deux Preftres Grecs, & deux ou trois Frères laïcs! Au deffus des galleries de ce Dome font cinq belles grandes feneftres bien grillées d'où vient toute la lumière qui efclaire le cheur & fon voifinage."[78]

---

[78] Jacques-Florent Goujon, *Histoire et voyage de la Terre Sainte: où tout ce qu'il y a de plus remarquable dans les Saints lieux, est tres-exactement descrit, par le R. P. Jacques [sic] Goujon, religieux de l'Observance de S. François*, Lyon, Chez Pierre Compagnon & robert Taillandier, 1672, pp. 133-135.

6.c.2. Le sang du Christ, Pâques et la rédemption du croyant

Alors qu'en même temps le passage de revendication du croyant du domaine du mal (ou de l'éloignement) à celui du bien représente cette régénérescence par le sang du Christ (ce qui explique que, aussi bien dans l'homélie citée pour le VIIème dimanche pascual par Jean-Baptiste Le Vray comme dans le texte suivant, extrait des note de Célestin Hippeau au *Bestiaire d'amour* de Richard de Fournival, qui indique une époque de pondaise de l'autruche en juin, tout se joue, dans le symbolisme de celle-ci après la période de résurrection):

"Le nom hébreu de l'autruche est assidu et elle s'appelle en grec "camélon". Elle a deux pieds de chameau. Ses ailes sont grandes, mais elle ne vole jamais. Elle pond au mois de juin, lorsqu'elle a aperçu dans le ciel une étoile qui a nom Virgile. Elle dépose alors ses œufs sur le sable et les oublie, ne songeant plus qu'il contempler son étoile. Les œufs sont échauffés par le soleil dans la motte sablonnière, et les petits en sortent sans le secours maternel.
«C'est l'image du prud'homme de bonne vie qui ne s'occupe que des choses "célestiennes". Pourquoi l'homme que Dieu fit raisonnable, connaissant et entendable. ne préfère-t-il pas toujours ainsi les joies du ciel aux plaisirs terrestres?»
L'autruche n'est plus ici l'animal qui, en cachant sa tete dans les broussailles, croit n'être point aperçu par les chasseurs, et qui engloutit sans discernement dans son estomac toutes sortes d'objets, les pierres, le fer même:
L'ostriche fer mangue bien,
Ne ja ne li grevera rien.
Grâces au Physiologus, au lieu d'être comme pour l'Egypte l'emblème de la stupidité, elle devient, pour le mysticisme chrétien, soit une des figures de la vie contemplative, soit l'emblème du retour du pécheur à Dieu. Si elle abandonne ses œufs, dit le Physiologus, ne croyez pas qu'elle les oublie entièrement. La vue de l'étoile qui l'avait avertie de l'époque de la ponte lui annonce aussi le moment où elle doit appeler ses petits à la vie, en courant ses œufs du regard.
Aussi, lorsque l'on suspendait des œufs d'autruche dans les églises du moyen âge, ceux qui connaissaient le sens de ce symbole exposaient-ils, en s'appuyant sur le récit rapporté par nos Bestiaires, que l'homme peut bien, ainsi que l'œuf de l'autruche, être délaissé par Dieu, mais que, si le repentir pénètre dans son cœur éclairé par une lumière surnaturelle, il pourra rentrer en grâce et reprendre son rang parmi les fidèles. C'est ainsi que l'apôtre qui avait renié le divin Sauveur put obtenir son pardon. D'autres interprétant d'une manière un peu différente le récit relatif à l'autruche et à son étoile, enseignaient que l'homme, après avoir péché, peut encore revenir à Dieu, lorsque le Saint-Esprit a fait pénétrer dans son cœur la lumière et la foi.
La bonne réputation de l'autruche n'était point cependant établie d'une manière tellement solide qu'on ne la fît descendre quelquefois à un rôle moins brillant. Parmi les passages dans lesquels son nom est cité dans les Saintes-Ecritures, on avait remarqué celui de Job, qui se plaint de son

incurie, et compare ironiquement ses ailes à celles de l'épervier et du héron. Comment pourrait-il s'élever sur les ailes de la contemplation, celui que le poids d'un corps surchargé de matière retient attaché à la terre? Sous ce rapport, l'autruche pouvait représenter pour quelques écrivains ces hommes incomplets, qui, religieux et spiritualistes à demi, ne s'élèvent que pour retomber, et n'ont que des élans d'enthonsiasme, sans pouvoir réellement prendre leur essor vers les régions supérieures. L'autruche, dit le Physiologus, tient un œil attaché vers la terre et l'autre élevé vers le ciel.

Nous avons parlé des œufs d'autruche suspendus dans les églises, et de l'explication donnée à ce fait par un écrivain liturgique du XIIIe siècle. Au moment où nous livrons notre ouvrage à l'impression, nous en trouvons une autre présentée par M. Didron, à propos d'un des articles de l'inventaire des reliques conservées autrefois dans la cathédrale d'Angers. Le quarante-huitième article de cet inventaire est ainsi conçu: «Il y a dans le grand reliquaire des œufs d'autruche soutenus par des chaînes d'argent. Le jour de Pâques, «il faut mettre les œufs sur l'autel de saint René, avec les deux gazes.» «On prétendait au moyen âge, dit à ce sujet M. Didron, que l'autruche pendait un œuf où le petit serait resté éternellement emprisonné, si la mère n'était venue en briser la coquille avec du sang délayé dans du miel. Au contact de ce sang, l'œuf se brisait et le jeune oiseau s'échappait à tire-d'aile; ainsi le Christ, par son propre sang, brisa la pierre du tombeau et s'envola au ciel s'asseoir à la droite de son père. L'œuf de l'autruche est donc la figure toute naturelle du sépulcre de Jésus-Christ, et l'on comprend maintenant que le jour de Pâques, ce grand jour de la résurrection, on ait placé ces œufs d'autruche sur un autel. Mais cet autel lui-même n'est pas arbitraire, du moins à Angers; c'est celui de saint René, ou pour mieux dire, et toujours par comparaison, l'autel du saint né deux fois, du saint ressuscité comme le Sauveur du monde.»

L'explication donnée par M. Didron se fonde sur une histoire légendaire de l'autruche, différente de celle que renferment les Bestiaires. Les auteurs qui, comme Guillaume Durand, ont trouvé la signification de ces deux œufs dans les notions généralement répandues sur l'autruche, n'auraient pas été embarrassés pour expliquer comment, avertie par une étoile lumineuse (emblème de celle qui apparut aux Mages) du moment où elle doit pondre et de celui où elle fera sortir les petits de l'œuf qui leur sert en quelque sorte de tombeau, elle peut très-bien symboliser les deux naissances que rappelle le nom de René, c'est-à-dire la venue du Christ au monde et la glorieuse résurrection que célèbre la solennité de Pâques. Ils pourraient ajouter que l'œuf en général est considéré par les écrivains mystiques comme figurant la double naissance de l'homme, l'une pour la terre, l'autre pour le ciel: «Les oiseaux, dit Hugues de Saint-Victor, naissent deux fois: la première, lorsque l'œuf sort du sein de la mère; la seconde, lorsque l'incubation a donné à l'oiseau qu'il contient la forme, le mouvement et la vie».

Que l'on s'appuie au reste sur le récit de Guillaume ou sur celui que rappelle M. Didron, et dont nous aurions désiré que ce savant eût fait connaître l'origine, l'usage que mentionne l'inventaire de la cathédrale d'Angers, est une nouvelle preuve des services que peut offrir à l'archéologie religieuse l'étude de nos Bestiaires."[79]

---

[79]Richard de Fournival, *Le Bestiaire d'amour suivi de la Reponse à la Dame*, édition de Célestin Hippeau, Paris, Chez Auguste Aubry, 1860, pp. 139-142. Texte présenté originellement dans *Mémoires de la Société des*

Le texte précédent citant Didron Aîné[80], la réponse audit texte en renforce d'ailleurs les preuves et le sens:

"*Les Œufs De Pâques. — M. l'abbé Chauveau, vicaire général du diocèse de Sens, nous adresse des observations relatives aux Œuvres de miséricorde et aux Œufs d'autruche dont nous avons dit un mot à la suite de l'article de M. Godard-Faultrier sur le vase de Cana, «Annales Archéologiques», volume XI, pages 253-265. Dans une autre livraison, nous parlerons avec quelques détails des Œuvres de miséricorde; aujourd'hui, il ne sera question que des Œufs symboliques. M. Chauveau nous écrit:— «Rien de plus ingénieux, monsieur, que l'explication donnée par vous du fait des deux œufs d'autruche placés sur l'autel de Saint-René d'Angers. M. Godard dit qu'il n'avait pu découvrir la signification de cet usage singulier. Vous nous le faites connaître, monsieur, et nous devons vous en remercier, car ce symbolisme est charmant et renferme de hautes instructions. Mais il me semble, permettez-moi de vous le dire, que l'explication donnée répond seulement au choix des œufs d'autruche, mais non pas au choix des œufs en général. On ne voit pas partout figurer des œufs d'autruche à la fête de Pâques; presque partout on y voit figurer des œufs. Les œufs d'autruche sont une particularité de localité; le choix des œufs, à Pâques, est pour ainsi dire général et de toutes les localités. Autrefois, la veille de Pâques, on bénissait une grande quantité d'œufs que l'on avait eu le soin de teindre en jaune, en violet, mais surtout en rouge. Sous Louis XIV, et même sous Louis XV, on portait, après la grand' messe du jour de Pâques, des pyramides d'œufs peints en or dans le cabinet du roi, qui en faisait cadeau à ses courtisans. Un usage à peu près semblable existe encore en Perse, où l'on célèbre toujours la fête des œufs colorés, le 20 mars, époque du renouvellement de l'année. En Russie, il est toujours d'usage, à la cour et dans les principales familles, de s'offrir réciproquement des œufs le jour de Pâques. Ces œufs sont en nacre et ornés de différentes peintures et dorures. J'en ai un de cette espèce qui m'a été donné par une personne qui a habité assez longtemps la Russie. L'extrémité du gros bout est garnie d'un verre grossissant; lorsqu'on applique l'œil sur cette lentille, l'intérieur de l'œuf offre à la vue différents objets, des personnages, des bois, des ruisseaux, des maisons. La personne qui offre l'œuf dit à l'autre: «Jésus-Christ est ressuscité»; et la personne qui le reçoit répond: «Je crois qu'il est ressuscité». Quel est donc le symbolisme de l'œuf dans la solennité pascale? Vous nous le ferez certainement connaître, monsieur, d'une manière bien attachante. Voulez-vous cependant me permettre de vous faire part de ma pensée, que je soumets sans aucune réserve à votre appréciation. Je l'ai lu bien des fois dans les «Annales», monsieur: tout, dans le culte catholique, a une signification mystérieuse. Or, il me semble que l'œuf, qui reparait dans un grand nombre de localités en la fête de Pâques, emporte avec lui l'idée de l'espérance. L'œuf, en effet, est l'espérance de voir éclore le petit être qui s'y trouve renfermé à l'état de germe. Pourquoi l'espérance doit-elle être plus vive le jour de Pâques, sinon parce que la résurrection du Sauveur est pour nous*

---

antiquaires de Normandie, Paris, Derache et Didron, 1851, 2ème Série, 9ème Volume, XIXème Volume de la Collection, Première Livraison, pp. 409-411.

[80]Didron Aîné, *Annales archéologiques*, Paris, Librairie arquéologique Victor Didron, 1851, T. XI, pp. 259-260.

l'espérance et le gage de notre future résurrection? Or, voilà bien l'intention de l'Église au temps de Pâques. L'Église n'a rien tant à cœur que de faire naître dans l'âme de ses enfants les trois vertus théologales: la Foi, l'Espérance, la Charité. Dans le cours de l'année liturgique, elle veut amener les fidèles, par la pratique parfaite de ces sublimes vertus, à l'union intime avec Dieu et avec les autres hommes. C'était la pensée du Sauveur. L'Église veut construire dans l'âme de chaque chrétien un édifice spirituel dont le fondement sera la Foi; l'Espérance, les murailles et les colonnes; la Charité, le comble ou la perfection. Avant d'élever l'édifice, il faut préparer l'emplacement, et, dans le temps de l'Avent, à la voix de Jean-Baptiste qui crie: «Parate viam Domini; rectas facite semitas ejus», la pénitence purifie les âmes, et les prépare ainsi à recevoir le don de la foi que le Sauveur vient établir par sa naissance spirituelle, augmenter par ses prédications, fortifier par ses miracles pendant tout le temps de Noël. Au temps de Pâques, le Dieu ressuscité deviendra pour ses fidèles un sujet d'espérance; sa sortie du tombeau est le gage de notre résurrection. Cette espérance se fortifie encore par la vue des biens éternels dont il nous donne un avant-goût dans son ascension, en soulevant pour un moment le voile qui nous dérobe la vue de la demeure à laquelle il nous convie, où il va nous préparer une place. Enfin, au temps de la Pentecôte, l'âme du fidèle se dilate par la charité que l'Esprit-Saint y vient répandre: «Charitas Dei diffusa est in cordibus nostris per Spiritum Sanctum qui datus estnobis». Et l'homme est ainsi élevé à l'union avec Dieu et avec les hommes, ses frères, par le lien de la charité. Ainsi se réalise la pensée de saint Augustin: «Domus Dei pœnitendo praeparatur, credendo fundatur, sperando erigitur, diligendo perficitur».—Dans une lettre subséquente, M. l'abbé Chauveau nous écrivait: «Me permettrez-vous d'ajouter deux petits renseignements que je viens de retrouver, toujours sur les œufs de Pâques»? — «Au moyen âge, un des jours de la semaine de Pâques, les étudiants des écoles, les clercs des églises, les jeunes gens de la ville, s'assemblaient dans la place publique au bruit des sonnettes et des tambours. Les uns portaient des étendards burlesques, les autres étaient armés de lances ou de bâtons. De la place, ils se rendaient en cohue, avec un horrible tapage, à la porte extérieure de l'église principale du lieu. Là, ils chantaient Laudes, après quoi ils se répandaient dans la ville pour quêter les œufs de Pâques. La plupart de nos provinces ont conservé la coutume des œufs durs, peints, pour en faire des présents le jour de Pâques. A Auxerre, on nomme ces œufs des «roulées», parce qu'on s'en servait, en guise de boules, pour un certain jeu où il s'agit d'atteindre, en les faisant «rouler», un but désigné». Je viens d'enrichir mon cabinet d'un nouvel œuf de Pâques donné par une princesse russe. Cet œuf est en porcelaine et finement peint et doré. Dans deux petits ovales encadrés par un filet d'or sont représentées, d'un côté, deux colombes aux ailes étendues, et au-dessus vole un papillon; de l'autre, les mots suivants, écrits en russe et en lettres d'or, surmontés d'une couronne, et au-dessous une guirlande également d'or: Amour Et Amitié. Dans les entredeux des ovales, sur une branche de fleurs en or, on voit un charmant papillon avec ses belles ailes étendues. Cet œuf est creux; il a une ouverture à chacune de ses extrémités. On y passe ordinairement un beau ruban, qui sert à le suspendre. — Recevez, etc. — E. Chauveau, vicaire général de Sens».

Il nous paraît bien inutile de rien ajouter à ces ingénieuses et curieuses observations sur les œufs de Pâques. Qu'il nous suffise de compléter les usages russes par des usages français absolument semblables. Ces usages existent encore dans plusieurs de nos contrées, et ils existaient même à la cour du roi Louis XV. Ainsi, tout récemment, M. Leroy, savant et complaisant bibliothécaire de

Versailles, nous montrait deux œufs qu'il conserve précieusement dans les armoires du musée de la Bibliothèque et qui sont de véritables œufs russes, ou plutôt français, de Pâques. Ces œufs ont appartenu à Mlle Victoire, fille du roi Louis XV. On y voit d'abord des brigands qui attaquent une jeune fille, puis un vertueux gendarme qui arrache la jeune personne à ses ravisseurs et la ramène chez ses parents. Il est assez piquant de penser que Louis XV donna à sa fille, le jour de Pâques, ces œufs occupés par des scènes, la seconde surtout, que ce roi libertin n'était guère en état de comprendre.

«Gloria In Excelsis» Du XIIIe Siècle. — Dans les «Annales» de mai-juin 1851, nous avons donné les «Gloria» des grandes fêtes, des doubles-majeurs et des doubles-mineurs; nous les complétons aujourd'hui parles «Gloria» des dimanches, des féries et des octaves solennelles. Ces deux «Gloria» nouveaux sont extraits du même manuscrit qui appartient à la bibliothèque de l'Arsenal et calqués avec la même fidélité par M. Martel, notre graveur. Nos souscripteurs sont peu musiciens en général et nous devons leur mesurer avec une excessive réserve les planches de musique. En conséquence, de loin en loin, nous leur servirons de ces calques des anciens chants liturgiques; mais, avec du temps et de la patience, nous ferons passer sous leurs yeux l'ordinaire complet de l'office du matin et les messes des principales fêtes de l'année. On nous remerciera, nous croyons en être certain, d'avoir donné ainsi les fac-similés rigoureux de l'un des plus beaux manuscrits de plain-chant qui existe de la fin du XIIIe siècle. Nous n'insisterons pas sur le caractère de la mélodie qui distingue ces deux nouveaux «Gloria»; qu'on les chante ou qu'on les joue, on en apprendra plus qu'avec toutes les phrases que nous pourrions écrire."[81]

De fait:

"Les œufs (à Rome) entroient auſſi dans les ſacrifices: on ne pouvoit faire certaines expiations qu'il n'en coûtât une centaine d'œufs: Nifi, dit Juvénal, ſe centum luſtraverit ovis. Ovide dans l'Art d'aimer parle ainsi de ces expiations.
Inveniat quae luſtret anus; lectumque locumque,
    Proferat & tremulâ ſulphur & ova manu.
Les œufs étoient-ils peints ou non, durs ou frais? c'est ce que je ne ſçai point. Lampride dit dans la vie d'Alexandre Severi: Que le jour de la naiſſance de ce Prince, une vieille vint offrir à ſa mere un oeuf de Pigeon ramier, de couleur de pourpre, & que les Aruſpices conſultés ſur ce Phénomène prédirent que le Prince nouveau né feroit Empereur: qu'il parviendroit bientôt à l'Empire; mais qu'il ne regnéroit pas long tems. Spartien rapporte qu'à la naiſſance d'Antonin Geta, fils de l'Empereur Severe, ſucceſſeur de Julien, on avoit trouvé de même un œuf pourpre, dans le nid d'une Poule; que le jeune Baffien, frère de Geta, ayant jetté à terre & caſſé cet œuf, Julie ſa mere lui dit en riant: Maudit parricide, tu as tué ton frère. Mais tout ceci n'appartient pas tant à l'histoire des œufs qu'à celle de la couleur pourpre, qui étant adoptée, par les Empereurs dans leurs vêtemens, paroiſſoit de bon augure par tout où elle ſe renconrroit: ce qui donnoit lieu de ſuppoſer de ces ſortes de phénomènes pour faire ſa Cour au Souverain, lorſqu'il lui naiſſoit un fils. En effet à la

---

[81] Didron Aîné, *Annales archéologiques*, Paris, Librairie arquéologique Victor Didron, 1852, T. XII, pp. 122-124.

naiffance de Gefa, un autre impofteur, fi l'on en croit le même Spartien, vint encore annoncer qu'il etoit né dans fon étable un Agneau qui avoit à la tête un Floccon de laine pourpre; fur quoi les Arufpices ne manquèrent pas de promettre que Geti deviendroit Empereur. Suivant Lampride on vit le prodige fe renouveller avec plus d'éclat à la naiffance d'Atonnin Diadumene: il naquit à la campagne, dans un des domaines de fon pere, douze brebis, toutes de couleur pourpre à la réferve d'une qui avoit quelques marques d'une autre nuance; ce qui eft plaifant, & ce qui démontre que les Arufpices n'interprétoient les événemens qu'à leur fantaifie, c'eft que quelquefois ils ont tiré de la couleur de pourpre des préfages funeftes: mais ces cas particuliers font une exception qui confirme la régle: en général cette couleur annoncoit toujours les fuccès & la profpérité. Je reviens á nos œufs.

On fçait par leurs Chroniques qu'aux Jeux du Cirque, eux ou du moins leurs repréfentations entroient dans les myftères. Ces Jeux étant confacrés entr'autres Dieux à Castor & Pollux, qu'on croyoit bonnement être fortis d'un même œuf, il ne faut pas être étonné de cet ufage. Il y avoit dans le Cirque différens buts, ou bornes, qui fervoient à diriger la courfe des Chariots, & il y en avoit un principal, dont les conducteurs des Chariots étoient obligés en courant de faire fept fois le cour pour mériter le prix; ces buts, faits d'une forme pyramidale, avoient au fommet la figure d'un œuf: & fur ce fommet même on placoit un œuf, ou la repréfentation d'un œuf, à chaque courfe qu'un Chariot faifoit au cour du but en forte que lorfqu'on y avoit pofe le feptième œuf, le vainqueur receyoit le prix. Dans les fêtes de Cerès, appellées Cerealia, ou plutôt; après les Jeux du Cirque célébrés en l'honneur de Cerès, l'Edile qui avoit donné ces Jeux faifoit la dépenfe d'un feftin, où le premier fervice etoit compofé d'œufs. C'eft ainfi du moins que le Pere Boulanger explique un joli paffage de Varron. Enfin dans les facrifices, ou les myftères de Bacchus, les œufs etoient employés on les avoit en fi grande vénération, qu'à cause de leur figure, qui ronde & prefque fphérique, renfermoit de toutes parts un animal vivant; on les appelloit l'Image du monde.

De tous ces privilèges il eft libre aux Lecteurs de conjecturer lequel a pu donner lieu aux Chrétiens de conferver au tems de Pâques l'ufage des œufs rouges ou d'autres couleurs. L'ont-ils-pris des Payens? C'eft, je crois, ce que perfonne ne peut affirmer: mais on pourroit le fuppofer, fans fcandalifer les ames pieufes. Si nous tenons du Paganisme quelques cérémonies, la Religion fainte où nous les employons les a fanctifiés, il n'y a rien même qui empêche de le croire, puifqu'il eft certain qu'à la naiffance de l'Eglife, & dans toute la ferveur du zèle des premiers Chrétiens, ils n'ont point héfité de confacrer au culte du vrai Dieu les Temples fi fouvent pollués par le culte abominable des Idoles.

Quoiqu'il en foit, voici ce que j'ai pu recueillir de plus certain fur l'ufage des œufs rouges depuis l'établiffement du Christianisme. Les Papes Grecs béniffent des œufs folennellement la veille de Pâques, & même jufqu'à la Pentecôte. Quand les Grecs rencontrent un ami qu'ils n'ont point vu depuis Pâques, ils s'entredonnent des œufs bénits, & fe baifent en fe difant l'un à l'autre, Chrift est reffufcité. Ce qu!ils prérendent être une ancienne coutume de la primitive Eglife.

Le fire de Joinville, fidèle Hiftorien de Saint Louis, rapporte que quand le Saint Roi fut fait prifonnier par les Sarrafins, ils lui fervirent à fouper & aux principaux Seigneurs de fa fuite des œufs de différentes couleurs, peints d'un artifice admirable, & cela à caufe de fa qualité.

Parmi nous rien de fi commun que les œufs rouges. Un Prêtre prêchant à Milan pendant que Saint Charles en étoit Archevêque, il le compara à un œuf de Pâques. On trouve la raifon de cette comparaifon dans tous les Recueils de bons-mots.
Le Pere Delrio, lib. 3. Difquis. Magic, blâme la fuperftition de ceux qui gardent toute l'année des œufs pondus le jour de Pâques, & rougis, dans l'idée qu'ils ont la vertu d'éteindre un incendie, fi on les jette dans le feu. A cela j'ajoute que nos Paysans de Champagne portent à leurs Curés le matin de Pâques un petit panier d'oeufs, ce qu'ils appellent donner la roulée. Aux environs de Pâques les Régens & Maître d'Ecole exemptant de devoir leurs Ecoliers & ont pour eux de très bonnes façons: le tout afin de tirer d'eux la roulée. Si je ne me trompe, la même chofe fe pratique en Bourgogne.
J'oubliois que parmi les bénédictions de plusieurs anciens Rituels, j'ai vu des formules de bénédictions d'oeufs, in tempore Pascali.

Signé Girodet

Conjectures d'un autre auteur sur le même sujet
Une Perfonne inconnue de Châteaudun me marque fur la même matière quelques-autres fur le même particularités qui peuvent aider aux conjecture.
Un Auteur, qu'il ne nomme point, mais qui écrivoit dans le XIII. Siècle, rapporte, dit-il, que de fon tems on fufpendoit dans la plupart des Eglifes des œufs d'Autruches qui par leur beauté & leur rareté excitoient l'admiration des Peuples, & les attiroit à l'Eglife. D'autres Ecrivains fuivant le même Auteur, disent que l'Autruche laiffe fes œufs dans le fable, & les oublie facilement, cependant à la vue d'une certaine Etoile elle retourne à fes œufs, & elle les fomente de fon regard; C'est, pour cela, à ce que prétendent ces Ecrivains qu'on fufpend de ces œufs dans les Eglifes, pour fignifier que l'homme par fon péché oublie facilement Dieu, & qu'auffitôt que l'Etoile s'eft fait voir à lui, c'eft-à-dire qu'il a fenti les effets de la Grâce, il fe fouvient de fon égarement, & retourne à Dieu par de bonnes Oeuvres.
Peut-être continue l'Anonyme de Châteaudun, les œufs rouges ont ils pris leur origine de ceux d'Autruche, les Chrétiens ayant voulu au tems de Pâques fe rappeller l'exemple de l'Autruche, pour retourner comme elle à leur devoir.
Conjecture pour conjecture, celle-ci pourroit être auffi bonne qu'une autre, fi l'on avoit des preuves que la conduite de l'Autruche eft telle qu'on le fuppofe; que la fufpenfion de fes oeufs dans les Eglifes avoit pour objet de faire faire aux Fidèles les réflexions qu'on trouve dans les Ecrits de quelques Auteurs, & que l'ufage des œufs rouges au tems de Pâques n'eft pas plus ancien que le XIII. Siécle."[82]

"En 1852, Aimé de Soland signale l'existence d'un œuf d'autruche aux mains de la vierge de la pitié, tenant sur ses dans les églises genoux te corps inanimé de son fils, dans l'église de Murs. Il en mentionne un second dans la chapelle de Notre-Dame-des-Roches de Montplacé à Jarzé, tout

---

[82]*Suite de la Clef, ou Journal historique sur les matières du temps. Contenant quelques Nouvelles de Litterature, & autres Remarques curieufes. Par le Sieur C.J.*, Paris, Paris, Chez la Veuve Ganeau, T. XLVII, Janvier 1740, pp. 334-341.

en poursuivant: "Avant la révolution, le trésor de la cathédrale possédait 2 magnifiques œufs d'autruches soutenus par des chaînes d'argent..."[83]

"ŒUFS D'AUTRUCHE.

Au tome I (Église d'Angers, fabrique, manuscrits de M. Joubert), folio 95, on lit dans un inventaire de l'an 1467 ce passage: Item duo grossa ova que defferuntur in die pasche.

Au tome II, folio 70, dans un inventaire de 1539, se trouve textuellement le même article. Dans un inventaire de 1561, fol. 128, et un autre de 1595, fol. 179, existe cette variante: Item duo grossa ova pasche que eodem die defferuntur.

Au folio 217 (inventaire de 1596), nous lisons: «Item, deux œufs d'autruche qui servent à donner les œufs de Pasques.»

Même mention dans des inventaires de 1599, fol. 266; de 1606, fol. 317, et de 1643, fol. 352.

Enfin, dans un dernier inventaire écrit au XVme siècle et dont j'ai fait paraître un extrait (Mém. de la Société d'agric., sciences et arts d'Angers, 2e série, 3°vol., livraison, année 1852, p. 104), on lit article XXXXVIII: «Il y a en outre dans le grand reliquaire deux œufs d'autruche soutenus par des chaînes d'argent. Le jour de Pâques, il faut mettre les deux œufs d'autruche sur l'autel de Saint-René avec les deux gases.»

Et, à cette occasion, Urbain Renard, l'un des auteurs de la grande bible des Noëls angevins, s'exprime ainsi page 28, édition de 1780, dans son cantique sur la cathédrale d'Angsrs:
Rep. Arc. 11
La joie est angélique
A Pâques d'ouïr
Cloches, orgues, musique,
Les maries venir
Chercher dans le sépulcre
Jésus qui n'est plus là,
Puis portant œufs d'autruche,
On chante alléluia.

M. l'abbé Vincelot, dans ses curieux Essais étymologiques sur l'ornithologie de Maine-et-Loire, nous apprend page 29 ce qui suit: «Le jour de Pâques, à la cathédrale d'Angers, deux ecclésiastiques sous le nom de corbeilliers, se rendaient après matines à la sacristie, prenaient l'amict sur la tête, la barrette sur l'amict, se revêtaient de l'aube, de gants brodés, de la ceinture et de la dalmatique blanches, puis sans manipule et sans étole, ils se dirigeaient vers le tombeau. Là, chacun d'eux prenait nn bassin sur lequel reposait un œuf d'autruche couvert d'étoffe blanche, puis se rendait au trône de l'évêque. Le plus âgé des deux s'approchait de l'oreille droite de l'évêque, et lui présentant le bassin contenant l'œuf d'autruche disait tout bas, d'un air mystérieux: Surrexit Dominus, alleluia! L'évêque répondait: Deo gratias, alleluia!

«Le deuxième corbeillier faisait la même chose du côté gauche. Puis chacun d'eux parcourait tous les rangs des ecclésiastiques, l'un à droite, l'autre à gauche, en commençant par les plus dignes,

---

[83] Anjou: cadre naturel, histoire, art, littérature, langue, économie, traditions populaires, Joué les Tours, C. Bonneton, 1985, "Les oeufs d'autruche dans les églises d'Anjou", p. 170.

répétant les mêmes paroles et recevant la même réponse. Les œufs étaient ensuite reportés à la sacristie, sur les bassins.»
Disons également qu'en regard de l'autel de la Vierge de Montplacet, commune de Jarzé, arrondissement de Baugé, nous avons vu un œuf d'autruche suspendu.
Dans certaines églises, ces œufs remplacent le gland suspendu au-dessus de la lampe à titre de symbole de Jésus ressuscité qui répand la lumière.
C'était encore une coutume en Anjou, il n'y a que peu d'années, de distribuer aux enfants, des œufs ordinaires dits de Pâques, légèrement teints d'une couleur pourpre.
Les moines de Saint-Aubin avaient un usage singulier, qui consistait à voir servir, sur leur table, durant la semaine sainte, des œufs entourés de feuilles de tanaisie (tanacetum vulgare), plante amère de la famille des Composées, croissant avec abondance sur les rives de la Loire.
Faisons remarquer que cet usage des œufs de Pâques est établi sur nos inventaires précités, depuis le milieu du XVe siècle jusqu'au XVIIIe inclusivement, ce qui n'est pas dire qu'il ne remontait point à des temps plus anciens.
Il doit y avoir un sens mystique attaché certainement à cette coutume. Quel est-il?
L'œuf a toujours joué un grand rôle dans le symbolisme. Chez les anciens, il était l'emblème du monde. Mais bien que ce symbole puisse parfaitement être appliqué au règne du Sauveur, il s'agit ici d'une autre interprétation.
Nos œufs d'autruche trouvent leur usage liturgique principalement à Pâques. Or, Pâques est le jour de la résurrection de J.-C.; nos pères apercevant de l'analogie entre l'oiseau qui brise sa coquille pour naître et Notre-Seigneur qui sort de son sépulcre pour ressusciter, virent ainsi dans l'œuf, en général, et dans celui de l'autruche en particulier, l'image de son tombeau.
Cela établi, il est aisé de comprendre le sens du petit drame liturgique rapporté par M. Vincelot. Quant aux feuilles de tanaisie servies avec des œufs, aux moines de Saint-Aubin, elles étaient là pour remplacer les laitues sauvages dont l'amertume rappelait aux Israélites les angoisses de leur servitude en Egypte.
J'ai parlé de la couleur purpurine que l'on donne quelquefois aux œufs de Pâques, mais je n'ai pas dit pourquoi cette nuance était employée. L'ouvrage de M. l'abbé Vincelot va nous en faire connaître la raison. «L'historien Lampridius assure que, le jour de la naissance de Marc-Aurèle Sévère, une des poules de la mère de ce prince avait pondu un œuf dont la coquille était couverte presque entièrement de taches rougeâtres. Cette princesse fut frappée de cette particularité et elle s'empressa d'aller en demander la signification à un devin renommé. Celui-ci, après avoir examiné la coquille de l'œuf, répondit que cette nuance annonçait que l'enfant nouveau-né, serait un jour empereur des Romains. Pour ne pas exposer son fils à des persécutions, la mère garda son secret jusqu'en 224, année dans laquelle Marc-Aurèle fut proclamé empereur. Depuis ce moment, les Romains contractèrent l'habitude de s'offrir des œufs dont la coquille était revêtue de différentes couleurs, comme un souhait d'une bonne fortune.
«Les chrétiens sanctifièrent cette coutume et y attachèrent une pensée de foi. En distribuant ces œufs dans le temps paschal, ils se souhaitaient mutuellement une royauté, celle de triompher de leurs penchants, et, à l'exemple de Jésus-Christ, de régner sur le monde et sur le péché.

«Les œufs de Pâques avaient donc pour but de rappeler à ceux auxquels ils étaient offerts, que comme Marc-Aurèle, ils étaient appelés à régner, et que dès lors ils devaient s'y préparer.» [Ornithologie, pages 28 et 29.)
Terminons cette notice par divers extraits des Annales archéologiques de Didron, t. XI, 5° livraison, septembre et octobre 1851, p. 259: «Angers, dit-il, aimait en général le drame religieux d'une affection marquée... On prétendait au moyen âge que l'autruche pondait un œuf où le petit serait resté éternellement emprisonné si la mère n'était venue en briser la coquille avec du sang délayé dans le miel. Au contact de ce sang, l'œuf se brisait et le jeune oiseau s'échappait à tire d'ailes; ainsi le Christ, par son propre sang, brisa la pierre du tombeau.... Et l'on comprend maintenant que le jour de Pâques, ce grand jour de la résurrection, on ait placé ces œufs d'autruche sur un autel. Mais cet autel lui-même n'était pas arbitraire, du moins à Angers; c'était celui de saint René, du saint né deux fois du saint ressuscité comme le Sauveur du monde.... Nous sommes certain d'avance que ces œufs sur cet autel devaient accompagner le drame liturgique des trois Marie, le drame de la résurrection, du surrexit non est hic. C'est-à-dire que cette résurrection, mimée, chantée, jouée par des personnages vivants, était encore représentée par des objets matériels, et qu'à côté du drame que parlaient les trois Marie, il y avait le drame muet que représentaient les œufs d'autruche.»
Les conjectures de M. Didron sur le drame des trois Marie se vérifient par les vers précités du cantique d'Urbain Renard."[84]

L'Abbé Vincelot conclut sa description des rituels angevins:

"Ces œufs, annonçaient la royauté de Jésus-Christ, le commencement de son règne fondé sur sa résurrection. L'œuf de l'autruche avait paru symboliser plus qu'aucun autre la résurrection spontanée de Jésus-Christ, puisque, abandonné à lui-même, il éclot sous l'influence seule du climat brûlant des déserts. Le petit, pour sortir vivant de la coquille qui le retient captif, n'a besoin du secours ni de son père ni de sa mère, mais il sort triomphant par sa propre puissance. Dans un certain nombre d'églises on remarque des œufs d'autruche suspendus devant l'autel principal comme souvenir de la résurrection de Jésus-,Christ, base et fondement de la religion catholique. Dans quelques autres, les œufs d'autruche remplacent le gland placé ordinairement au-dessous de la lampe qui brûle jour et nuit devant le Saint-Sacrement, touchant symbole de ces paroles: Christus surrexit, jam non moritur..... «Le Christ est ressuscité, il ne meurt plus et il répand la lumière, l'onction et la force maintenant et dans les siècles des siècles.»"[85]

---

[84]*Répertoire historique et archéologique de l'Anjou*, Académie des sciences, belles-lettres et arts d'Angers. Commission archéologique de Maine et Loire, Angers, Cosnier et Lachèse, Année 1864, pp. 149-154.
[85]Abbé M. Vincelot, *Essais étymologiques sur l'ornithologie de Maine et Loire: ou les moeurs des oiseaux expliquées par leurs noms*, Angers, Libraire de Cosnier et Lachèse, 1865, p. 30.

"SYMBOLISME DES OEUFS D'AUTRUCHES ET DES OEUFS

De Pâques.—*Longtemps avant d'en comprendre la signification, nous avions remarqué dans l'église de Murs, Un œuf d'autruche posé aux mains d'une statue de la Vierge, qui tient sur ses genoux le corps inanimé de de son fils.*

Ce ne devait pas être, nous en étions convaincu, un pur caprice, ou une fantaisie bizarre qui avaient fait appendre à l'autel de la Pieta de Murs l'œuf du plus grand des échassiers. Il y avait donc un sens caché qu'il fallait trouver. A force de feuilleter les anciens manuscrits, nous avons appris la vérité à ce sujet, et nous sommes heureux d'avoir constaté, quelque temps après, dans un remarquable article de M. Didron dont l'autorité fait loi en matière artistique, que l'interprétation que nous donnions aux œufs d'autruches placés dans les églises, était absolument la même que celle du savant archéologue.

Au Moyen-Age, tout ce qui, dans le culte, paraissait surnaturel à l'homme, était traduit symboliquement. Aucun mystère plus que celui de la résurrection n'a été représenté par l'art symbolique. L'aigle qu'on voit sur les verrières et sur les chapiteaux de nos églises, emportant ses petits au haut des airs, et les formant à ce vol hardi qui révèle leur mâle origine; Jonas sortant du ventre de la baleine; le petit lion de la légende, né sans vie, et dont les yeux s'ouvraient à la lumière au bout de trois jours seulement et après que le soufflo de son père l'avait ranimé et arraché au sommeil de la mort, toutes ces peintures et images étaient des représentations figurées de la résurrection humaine, et de celle du fils de Dieu.

Il en était de même du sens mystique attaché à l'œuf d'autruche. Au Moyen-Age on croyait que l'autruche ne pondait qu'un seul œuf, et que l'embryon qu'il contenait ne devait recevoir la vie, que lorsque la mère viendrait briser la coquille, en l'arrosant de sang délayé dans du miel. Alors le petit, en voyant le jour, prenait son essor.

D'après cette interprétation, on comprend parfaitement le sens attaché à l'œuf d'autruche mis aux mains de la madone de Murs.

Cette Vierge jette un regard plein de tristesse sur le corps sanglant de son fils bien-aimé; mais l'œuf symbolique qu'elle tient à la main, lui présage que sa peine ne sera que passagère et qu'une glorieuse résurrection viendra bientôt changer sa douleur en joie.

Quatre-vingt-treize, en renversant les autels et en pillant et profanant les objets destinés au culte, a fait disparaître en grande partie ces témoignages naïfs de la foi de nos pères. Cette représentaîion mystique de la délivrance du Christ est fort rare en Anjou.) Nous n'en connaissons point d'autre exemple, si ce n'est celui de la chapelle de Notre-Dame des Roches De Montplacé, commune de Jarzé.

Avant la révolution, le trésor de la cathédrale posséait deux magnifiques œufs d'autruches soutenus par des chaînes d'argent.

Le jour de la fête de Paques, ils étaient placés sur l'autel Saint-René.

Ces œufs étaient en grande vénération. Urbain Renard. dans son Noël dédié aux merveilles contenues en l'église Saint-Maurice, ne manque pas de dire . en parlant de la fête pascale:

La joie est angelique,
A Paques d'ouir
Cloches, orgues, musique,
Les maris venir,

Chercher dans le sepulchre
Jesus qui n'est plus la:
Puis portant Oeufs D'autruche,
On chante Alleluya.
Il n'est point étonnant que le Moyen-Age ait vu un symbolisme dans l'incubation de l'autruche; cet oiseau a toujours été considéré comme ayant quelque chose d'étranger aux autres êtres de la création.
Moïse avait interdit aux Juifs de manger de sa chair; l'Arabe partage l'opinion d'Arislotc qui croyait que cet échassicr était né d'un chameau et d'un oiseau.
Les écrivains sacrés comparent sa voix à un gémissement, et les peuples de l'Amérique au rugissement du lion.
La légende de l'œuf d'autruche a fourni naissance à l'usage des œufs de Pâques, usage si dégénéré aujourd'hui.
Au Moyen-Age, on distribuait dans les monastères et abbayes, en signe de la glorieuse délivrance du Sauveur du monde, des œufs cuils et colorés dans une décoction de peau d'oignon, de rumex, de gaude, de tanaisie. De nos jours, les sacristes, bedeaux, enfants de chœur, etc., vont chaque année dans la quinzaine pascale, chercher à domicile les œufs traditionnels. Le mysticisme qu'ils attachent à ces œufs se résume pour eux en espèces sonnantes."[86]

6.c.3. La Vierge, l'Église et l'oeuf
6.c.3.1. La Vierge, point d'infléchissement de la trajectoire du péché

Sur le rôle de la Vierge comme point d'infléchissement, de la trajectoire du péché (l'autruche) vers celle de la rédemption, par la naissance de Jésus et son sacrifice, est également un élément marqué par le discours théologique:

"On distingue quatre choses dans la rose: sa nature, sa forme, sa couleur et son odeur. Par sa nature la rose est froide, large par sa forme, de couleur blanche ou rouge, et très-agréable par son odeur. Par sa nature elle signifie donc l'extinction des vices, par sa forme la charité, par sa couleur la pureté et la souffrance, ou au moins la compassion, par son odeur la bonne réputation, le bon exemple. Toutes ces choses, excepte les souffrances corporelles, conviennent parfaitement à la bienheureuse Marie. Ainsi, comme il a été déjà dit, la Judée est l'épine, Marie la rose, et comme l'épine produit la rose, ainsi la Judée a donné le jour à Marie; l'épine cruelle a produit la rose miséricordieuse et douce. Quoi de plus cruel que la nation judaïque? Que dit d'elle son prophète Jérémie? Les animaux les plus féroces ont présenté leurs mamelles et allaité leurs petits; la fille de mon peuple a été cruelle comme l'autruche du désert. L'iniquité de la fille de mon peuple est devenue plus grande que le crime de Sodome, qui fut renversée en un moment sans que la main de

---
[86]Aimé de Soland, *Bulletin historique et monumental de l'Anjou*, Angers, E. Barassé, Première Année 1852, pp. 4-6.

l'homme ait contribué à sa ruine: Lamiæ nudaverunt mammam, lactaverunt catulos suos; filia populi mei crudelis, quasi struthio in deserto. Et major effecta est iniquitas filiæ populi mei peccato Sodomorum, quæ subversa est in momento, et non ceperunt in ea manus (Lament. 4, 3-6). Mais quoi de plus miséricordieux que la bienheureuse Marie, que tous les fidéles appellent Mère de miséricorde, et dont tous, en l'invoquant avec foi, éprouvent réellement par ses faveurs qu'elle est Mère de miséricorde? Mais ne pouvant assez peindre la méchanceté des Juifs et la bonté comme infinie de Marie, appliquons-nous ces considérations à nous-mêmes, et gardonsnous bien de la méchanceté judaïque, en nous attachant à imiter la bonté de Marie. N'imitons pas la perfide Judée pour n'être pas de ces épines sur lesquelles le prophéte David s'exprime ainsi: Les violateurs de la loi seront tous exterminés, comme ces épines que l'on n'arrache pas avec la main. On s'arme contre elles du fer et du bois de la lance, et on les livre aux flammes, et elles sont consumées sans laisser aucune trace: Præraricatores autem quasi spinæ cvellentur universi; quæ non tolluntur maniâtes. Et si quis tangere voluetit eas, armabitur ferro et ligno lanceato, igneque succensæ comburentur mque ad nihilum (2 fieg. 23, 6-7). Elles sont cruelles ces épines, elles sont cruelles et détestables; on ne les arrache pas avec la main, par la force humaine, mais par la seule puissance divine.
Imitons la bienheureuse Vierge Marie, surtout en ce que nous avons dit de la rose, afin d'éteindre en nous, selon sa nature calme et douce, les flammes de nos vices; selon sa forme, ouvrons entièrement nos cœurs à l'amour de Dieu et du prochain. Soyons la rose rouge, sinon en répandant notre sang pour Jésus-Christ, du moins par notre compassion pour ses membres malades; soyons odoriférants en donnant toujours le bon exemple. Evitons la cruauté judaïque en nous éloignant du mal; imitons la vie sainte de la bienheureuse Marie en faisant le bien, afin que, par ses mérites et ses prières, nous évitions la damnation et méritions la béatitude éternelle.
0 Vierge aimable, dit saint lldefonse, recevez avec plaisir la rose."[87]

Pour sa part, le plaidoyer anti-papiste de Pierre Jurieu, en reprenant le symbole de l'oeuf, en confirme son sens général dans la tradition chrétienne, et catholique:

"*Car il faut bien distinguer entre aneantissement & corruption extreme. Si l'Eglise Romaine avoit rejetté les fondements comme ont fait les Turcs & les Sociniens, elle auroit aneanti le Christianisme, l'Eglise n'y seroit plus visible que comme un corps mort est visible. Mais parce qu'elle a seulement ajoûté une infinité de doctrines fausses, superstitieuses & Idolatres en retenant les fondements, elle a seulement corrompu le Christianisme. Mais le Christianisme au milieu de ces corruptions ne laisse pas de demeurer visible à ceux qui le cherchent avec attention. Imaginés vous un œuf point cassé qui nage dans une eau bourbeuse & puante. C'est le parfait emblème de la Religion Romaine. L'oeuf entier & point cassé c'est le Symbole des Chrétiens dans le sens de l'Eglise conservé en son entier; l'eau bourbeuse & puante où nage cet œuf, c'est l'amas des superstitions, des erreurs & des Idolatries du Papisme. L'œuf demeure visible, au milieu de cette eau bourbeuse, & mesme l'opposition de la noirceur de la boue, à la blancheur de l'œuf, rend en*

---
[87]Jean-André Barbier, *La Sainte Vierge d'après les Pères*, Lyon et Paris, Félix Girard, 1867, T. I, pp. 153-154.

quelque sorte celuy-cy plus visible. Le corps du Christianisme est aussi visible dans l'amas des erreurs Papistes, & à qui y fait attention, on peut dire que le vray Christianisme qui est demeuré dans la Religion Romaine, sert à découvrir & à rendre plus horrible les laideurs du Papisme. La bourbe & l'eau puante qui environne cet oeuf est visible, aussi bien que l'œuf. C'est la lumiere du jour qui les manifeste l'un & l'autre. La corruption introduite par le Papisme est visible dans la Religion Romaine, aussi bien que le Christianisme. C'est la lumiere du jour; c'est-à-dire la lumiere de la parole de Dieu qui les manifeste tous deux; car la parole de Dieu manifeste le Christianisme dans la Religion Romaine par la belle conformité des trois Symboles des Apostres, de Nicée & d'Athanase avec la revelation. Cette même parole manifeste l'Anti-christianisme, la boue & la fange du Papisme, par l'affreuse difformité qui est entre le Papisme & la revelation. Il me semble qu'il faut être bien dur pour ne sentir pas tout cela, & pour ne pas voir qne l'Eglise peut toujours durer & toujours mesme être visible sans qu'il soit necessaire qu'elle demeure dans une parfaite pureté."[88]

En général, l'oeuf acquiert ce symbole, dans les rituels et leur interprétation, de la dualité entre le Bien et le Mal, la salvation provenant de l'objet du péché:

"Et quand â l'oeuf des ferpens, fi curieufement recueilli des Drvides, fur ce qu'ils l'eftimoient auoir la vertu, de bailler victoire contre fes ennemis, ce que Pline tourne en derifion, à fa manière accoutumée, au vingt-neufiefme de fon hiftoire, chapitre troifiefme. Voires adioufte qu'vn Cheualier Romain, pour l'auoir eu fur foy pendant certain procez y fut condamné pour ce feul regard, par l'Empereur Claudius.
De vrai, s'il auoit rapporté cruëment cette hiftoire, qu'il fe fuft contenté de dire que cét oeuf reffembloit à vne póme longuette auoit vne coque femblable au cartilage des cuiffes du Polype: paraduëture euffe-ie eu de la peine, ou à excuser noz Drvides de quelque fuperftition, ou imprimer à Pline la notte de calomnie. Mais quand pesant par lui fe fauuer de l'vne, & les accuser de l'autre, il leur impute à vanité, ce qu'ils difoient que cét œuf debuoit eftre recueilli à-certaine Lunaifon & que les ferpens jitìians d'vne collifion mutuelle, fifflé comme par defpit, ils pourfuiuoient à toute outrance celuy, qui en auoit faict la recherche & récolte.
Il m'ha döné par cette particularité, l'intelligence d'vn grand secret, lequel il demonstre n'auoir peu conceuoir: Car les Talmudistes parlas du Beriach ou Serpét, dót est faicte mention au chap. 26, de Iob, disent, suiuant la doctrine des Astrologues Chaldeés, en laquelle les Drvides estoiét des mieux versez; qu'il y a vn certain Serpent au ciel, à la teste duquel la Lune apporte bon-heur, & à la queue mal-heur.
Donc eux qui recueilloient le Gui Panchreste, ou vtile à tous maux, puis le distribuoient au peuple en estrene, pour bien heurer le reste de l'année; & qui enleuoiét de terre la racine de Selage ou Seuine, auec tant de cérémonies, pource qu'elle estoit conuenable à leur dessein, de profiter au

---

[88] Pierre Jurieu, *Lettres pastorales adressées aux fidèles de France qui gémissent sous la captivité de Babylon*, Rotterdam, Abraham Acher, 1688, pp. 555-556.

monde, & seruoit d'antidot contre toutes fortes de venins: les mesmes, voires auec hazard & danger de leurs personnes, recherchoient si curieusement l'œuf des Serpens, soufflé par eux à certaine Lunaison heureuse & salutaire, à fin de s'en armer côtr'eux, & repousser leurs maléfices: dont ils conçeuoient telle indignation, qu'ils persceutoient à mort, celui qui enleuoit cét œuf, duquel ils eussent voulu faire perdre la congnoissance.
Les Docteurs qui ont interprété ce passage, du Cantique des Cantiques, auquel l'Espoux dit à son Espouse, Qu'il l'a efueillée sous le pömier, c'est à dire, resuscitée à vie, pource que la mere d'icelle, Eue, auoit sous icelle gousté du morceau de la mort, disent, que par antipathie nostre Sauueur auoit tiré le remède, de la vie de l'arbre mesme, qui auoit esté cause de la perditió. Ainsi le cancre, mal incurable, est contrepoincté en ses remèdes, par de la poudre tirée des cancres ou escreuices. Et nostre Seigneur, a voulu estre exalté, comme le Serpent, afin que d'où estoit venue la ruine, de là pareillemët peust naístre le Salut. De mesmes les Drvides, pource qu'il sçauoiét parle semblable esprit Prophetique, que la Sibylle, qu'à la naissance du Fils de la Vierge, tomberoit le Serpent, & afin d'anticiper toufiours quelque remède contre la détestable malice d'icelui, faisoient recueillir l'œuf Salutaire; lequel ils ne boursoufloient eux-mesmes, que par desdaing, & en intention de nuire plustost que de bien faire."[89]

6.c.3.2. Origines possibles du symbole de l'oeuf comme symbole de renaissance du Dieu
6.c.3.2.a. De Brahma au Christ

Si l'on nous permet de faire cette brève incise, l'origine de ce symbolisme de l'oeuf comme production de la renaissance du dieu provient du patrimoine indo-européen:

> "*Ce germe devint un œuf brillant comme l'or, aussi éclatant que l'astre aux mille rayons, et dans lequel l'être suprême naquit lui-même sous la forme de Brahmâ, l'aïeul de tous les êtres.*" (*Loi de Manou*)[90]

Et ainsi d'ailleurs l'a compris la tradition européenne, quand, au XIXème siècle, elle s'y est attachée, réaffirmant, de nouveau, la lecture que nous prétendons ici donner de l'oeuf de Piero della Francesca:

---

[89]Sébastien Roulliard, *Parhénie, ou histoire de la très auguste et très dévote église de Chartres dédiée par les vieux druides en l'honneur de la vierge qui enfanterait*, Paris, Chez Rolin Thierry et Pierre Chevalier, 1609, pp. 58-59 (les pages ne sont numérotés ici qu'une sur deux). Conformément à l'*Apocalypse* et au principe contradictoire de la réponse citée à l'article du Volume XI de Dridon.
[90]*Les Livres sacrés de l'Orient, comprenant le Chou-king ou le Livre par excellence, les Sse-chou ou les Quatre livres moraux de Confucius et de ses disciples, les Lois de Manou, preemier législateur de l'Inde; le Koran de Mahomet*, édition et traduction de G. Pauthier, Paris, Société du Panthéon Littéraire, 1843, p. 334.

"*Parcourons rapidement ces traditions: Cosmogonie des Indiens.* — *«L'univers n'existait primitivement que dans l'idée de la divinité. Il était enveloppé de ténèbres. Le pouvoir invisible qui a fait toutes les choses visibles se lève et chasse devant lui les ténèbres. D'une pensée il créa les eaux, et y déposa un germe fécond. Ce germe devint un œuf brillant comme l'or, éclatant comme la lumière, et environné de mille rayons. Il sortit lui-même de cet œuf sous la figure de Brama, le grand ancêtre de tous les esprits. Les eaux reçurent le nom de Nam, parce qu'elles étaient la production de l'esprit de Dieu, et l'esprit de Dieu fut nommé Naraqm, ou se mouvant sur les eaux»*
Le grand pouvoir demeura inactif dans cet œuf une année entière du créateur, à la fin de laquelle, par sa seule pensée, il força l'œuf à se diviser en deux parties; de l'une il fit le ciel, de l'autre la terre, l'éther, le réceptacle des eaux, etc. Il créa également les dieux inférieurs, un nombre infini de génies, etc. «Brama est comme une masse d'argile dont les êtres particuliers sont les formes; comme l'araignée éternelle qui tire de son sein le tissu de la création; comme un foyer immense d'où jaillissent les créatures en myriades d'étincelles; comme l'océan de l'être à la surface duquel apparaissent et s'évanouissent les vagues de l'éternité qui semblent distinctes et qui ne sont que l'océan lui-même.» «Et après il absorba de nouveau la création en lui et remplaça le temps de l'action par celui du repos.»
A travers les puérilités de la fable et le rêve du panthéisme nous apercevons ici quelques traces de la véritable tradition, la notion de la création, l'esprit de Dieu se mouvant sur les eaux, l'éther... Mais quelle différence avec Moïse!"[91]

"*ENTRETIEN CINQUIEME.*
DEPUIS PAQUES JUSQU'A L'ASCENSION.
Le Curé. Comme nous allons parler aujourd'hui de la solennité de Pâques, je commencerai, tout comme on le fait en ce grand jour, par vous souhaiter à tous de bonnes Pâques ou un heureux Alleluia.
Simon. Nous vous en remercions, M. le curé, en formant le même souhait pour vous-même, et pour entrer de suite en matière, je vous prie de vouloir nous expliquer quelle est l'origine de ce souhait ou de ces félicitations que vous venez de nous adresser.
Le Curé. Hé bien, on se félicite chaque fois qu'il arrive quelqu événement joyeux ou heureux: or, peut-il s'en être passé de plus joyeux et de plus heureux à la fois, que l'accomplissement de notre rédemption et la résurrection du Rédempteur sortant glorieux du tombeau dans lequel ses ennemis l'avaient renfermé?
La résurrection de Jésus-Christ est en outre le gage que, nous aussi, nous ressusciterons un jour et voilà une des raisons que nous avons de nous féliciter mutuellement. Ainsi nous exprimons encore le vœu de célébrer cette fête avec une joie vive et cordiale; or, cela ne deviendra possible qu'en louant Dieu de toute notre âme à cause de ses miséricordes envers nous, en nous rendant dignes des grâces du Ressuscité et en menant une vie qui nous mette à même de penser avec joie et sans terreur à notre résurrection à venir. Ce qui, du reste, distingue encore ce jour d'une manière particulière, ce sont les présents que les chrétiens se font mutuellement.
Le Petit Joseph. Oui, oui, les œufs de Pâques.

---

[91] Antoine de Salinis, *La divinité de l'Eglise*, Paris, Tolra et Haton, 1865, pp. 301-302.

Le Curé. Et les agneaux de Pâques! Un agneau portant un étendard, est un bien bel emblème de notre Sauveur, qui se laissa conduire sans dire mot, comme un agneau à la boucherie, mais c'est précisément par sa mort qu'il a remporté la victoire sur la mort et l'enfer en sortant victorieux du sépulcre; c'est ce que signifie l'étendard qu'il porte. L'œuf est également une image de la résurrection. Sa coque ressemble à la pierre scellée qui renferme le tombeau que le Seigneur perça, tout comme le poussin perce la coque de l'œuf, pour en sortir vivant.
Simon. Tenez, qui aurait attribué aux œufs de Pâques une signification si chrétienne? Quant à moi, j'avais toujours regardé cet usage comme insignifiant.
Le Curé. Evidemment, leur signification est toute chrétienne, il fut même en usage pendant plusieurs siècles de les bénir dans l'église, avant que les chrétiens ne se les donnassent mutuellement. Et, soit dit en passant, ce petit œuf nous dit bien des choses utiles dans son langage muet. Quoique nous n'apercevions que la coque dure et extérieure de l'œuf, nous sommes convaincus qu'il peut en sortir un être vivant; or, comment pourrions-nous moins ajouter foi aux choses que Dieu nous a révélées, quoique nous ne puissions les voir des yeux de la chair? Ne prendriez-vous pas pour un insensé l'homme qui ne voudrait pas croire que l'œuf peut donner naissance à un oiseau vivant, pour la raison qu'en brisant un œuf frais il ne peut encore l'apercevoir.
Simon. Sans doute.
Le Curé. Et voilà pourtant ce que ferait aussi celui qui, par exemple, ne voudrait pas croire que Jésus-Christ est ressuscité ou que nous ressusciterons nous-mêmes un jour, pour la raison qu'il ne trouve dans le sépulcre qu'un cadavre ou même les cendres, la pourriture."[92]

L'oeuf devient, en général, depuis les premiers temps du christianisme, un symbole de ce rôle messianique, de résurrection et rédempteur, du Christ et de son Église, jusque dans ses légendes liées à ses jeux de pouvoir internes:

"Nous avons entre les mains un signe, que Dieu nous a donné de la Victoire de son église. C'étoit un œuf de poule trouvé près de l'église de saint Pierre, autour duquel ou voioit en relief un serpent armé d'une épée & d'un écu, qui voulant s'élever au haut de l'œuf, étoit forcé de îè replier en bas. Le pape avoit d'abord montré cet œuf dans le concile, & il en fit dans son discours une explication misterieuse, puis il conclut ainsi: Il faut donc maintenant emploïer le glaive de la parole pour fraper le serpent à la tête & vanger l'Eglise: nous n'avons que trop de patience. Tout le concile approuva cet avis du pape, déclarant qu'ils étoient prêts à souffrir la mort pour une si bonne cause

---

[92]Grégoire Rippel, *Beautés de l'Église catholique représentées dans son culte, ses moeurs et ses usages: entretien entre un curé et ses paroissiens sur les fêtes chrétiennes*, Liège, H. Dessain, et Paris, Chez Lagny Frères, 1857, pp. 100-102.

& il fut conclu, que Henri seroit privé de la dignité roïale & anathematisé avec tous ses complices."[93]

Sans doute y-a-t'il une raison à cela, puisque:

"*Le talisman le plus estimé parmi les Gaulois était l'œuf symbolique, connu sous le nom d'œuf de serpent (Pline, liv. XXIX, ch. vin). Ce n'était autre chose qu'une échinite ou pétrification d'oursin de mer (Fréret, OEuvres complètes, t. XVIII, p. 211), présentant la forme d'une pomme de grosseur ordinaire. Elle renfermait une substance dure et blanchâtre recouverte de fibres et d'excroissances semblables aux tentacules du polype. Ces singulières idées d'œuf et de serpent rappellent l'œuf cosmogonique des mythologies orientales, qui nous montrent le serpent comme l'emblème de l'éternelle rénovation et de la métempsycose.*"[94]

6.c.3.2.b. Chez les Celtes

Plus proche de nous, et influence plus directe encore donc, on retrouve en outre l'oeuf rouge dans les légendes celtiques:

"*Une ancienne ballade bretonne représente un magicien parcourant les campagnes d'Armorique avant l'aube du jour, en compagnie d'un chien noir. Je ne sais quelle voix chrétienne l'apostrophe: "Où allez-vous si matin, avec votre chien noir? — Je viens de faire des recherches pour trouver l'œuf rouge, l'œuf rouge du serpent de mer, au bord du rivage, dans le creux du rocher."*
Recherches vaines! Cet œuf, symbole sacré pour les anciens prêtres Gaulois et pour d'autres cultes païens, avait été écrasé avec le serpent des Druides: le jour allait paraître et faire fuir le magicien, les ténèbres et le chien noir. Quand Hervé, au contraire, guidé par son chien blanc, se mit en route pour l'ermitage de son oncle, les dernières ombres de la nuit avaient disparu: c'était l'aurore, et il devait trouver a l'école chrétienne de plus précieux talismans que l'œuf du serpent druidique."[95]

---

[93]Déposition du Roi Henri à Rome, du temps de la vie de Grégoire, en 1076, repris, en termes très similaires, dans A. De Vidaillan, *Vie de Gregoire VII*, Paris, Dufey, 1837, pp. 153-154, l'épisode tel que nous le citons est présenté dans Claude Fleury, *Historique ecclésiastique*, Paris, Chez Jean Mariette, 1713, T. XIII: "*Depuis l'an 1053 jufques à l'an 1099*", p. 314.
[94]Abbé N. Hoffmann, *L'Eglise jugée par ses oeuvres, ou la France éclairée et civilisée par le clergé depuis l'introduction du christianisme dans les Gaules jusqu'à la fin du moyen âge*, Paris, Bureau de l'Ange Gardien, 1862, p. 32.
[95]*Le Correspondant: religion, philosophie, politique*, Paris, Charles Douniol, 1858, T. XLIII, "*Hervé. La légende celtique*", pp. 119-120.

Légende qui porte indéniablement en elle le souvenir du mythe:

"Quant à leurs talismans, que les oracles distribuaient aux guerriers, chapelets d'ambre, qu'on retrouvedansles tombeaux Gaulois; et à l'œuf de serpent, il faudrait en connaître mieux les motifs pour se prononcer."[96]

"Les fêtes païennes et les religions
A cause du nombre des lunaisons dans l'année, il y eut treize mois dans le monde celtique. Douze, chiffre à plusieurs diviseurs 'emporta chez d'autres peuples. Treize était impossible à diviser, il convenait donc aux peuples amoureux du rêve pour symboliser la divinité insaisissable. Aux peuples amoureux de la raison il paraissait gênant; ils préféraient une divinité en accord avec le cadre de la raison. Avec ses mois lunaires, l'ancienne année religieuse comprenait moins de jours que l'année solaire réelle, ce qui produisait d'invraisemblables décalages. En Egypte et en Grèce des mois se promenaient successivement dans toutes les saisons à la manière du ramadan arabe. Ils entraînaient leurs cortèges de fêtes avec eux si bien que ces fêtes qui célébraient originellement la moisson se célébrait certaines années en avril ou en décembre. On a vu que le cycle des erreurs durait jusqu'à 1460 ans en Egypte.
La Semaine Grasse et Mardi Gras.
Le carnaval, qui débute à l'Epiphanie et s'achève au Carême, est une période réservée aux divertissements et pendant laquelle la consommation de viande était permise. Dans le folklore, il s'identifie généralement au Mardi Gras appelé fréquemment «jour de carnaval (mot venant de l'italien carneval; mardi gras du latin carnem levare, supprimer la viande) allusion au maigre du Carême qui lui vient lui-même du latin quadregesima dies (quarantième jour) fin du jeûne du Christ dans le désert.
Les anthestéries grecques duraient trois jours. Elles devinrent fête de Bacchus. Mais comme Dionysos-Bacchus est un personnage récent, on peut être assuré qu'il s'est approprié le personnage avant sa venue. Les Romains en firent les Lupercles du 15 février. L'occident chrétien en fait, de ces fêtes: la Semaine grasse.
Le premier jour, celui de «l'ouverture des tonneaux», les gens s'affublaient de masques pour représenter les morts de la famille. Ce jour là ils bâfraient et s'enivraient.
Le deuxième jour, celui des «bouteilles», l'actuel Mardi Gras était celui de la licence sexuelle la plus débridée avec défilé de chars de Dionysos représentant de grands phallus dressés et comportant toujours un char: le coït le public le plus viril garçon avec une jeune fille. C'était le symbole de la résurrection de la nature. Dionysos avait ravi la place de Déméter l'ancienne déesse présidant à la germination et aux forces de la terre.
Le troisième jour, celui des «marmites» on faisait fuir les morts en faisant grand tapage et en brûlant les masques. On le fait en Bretagne où l'on brûle «Malargé» à Lannion le mercredi des Cendres, car les cendres dont il s'agit proviennent originellement de ce rite et n'ont été considéré comme symbole de pénitence que bien longtemps après.

---

[96]*La Gaule: journal de l'agriculture, de la navigation, du commerce, des arts et d'archéologie*, 1880, p. 79.

Pendant ces Anthestéries, les maîtres servaient leurs esclaves. On retrouve chez les chrétiens le souvenir de cette coutume dans le lavement des pieds des apôtres par le Christ au cours de la cène et dans la répétition de cette cérémonie tous les Jeudis Saints. De même pendant les festivités du Mardi Gras, toutes les classes peuvent se mélanger sans risque à l'abri du masque.
Comme Dionysos avait usurpé le patronage de la fête, il ne faut pas s'étonner qu'elle soit accompagnée de musique et de cris. Les prêtresses ou les initiés de Dionysos s'appelaient les Bacchantes, les Ménades ou les Thyiades. Le mot ménade a donne manie. En Egypte et en Arabie à l'approche du Ramadan, les femmes Cheïkas et Goudias célèbrent leur fête annuelle qui est une fête de la possession (c'était le sens originel du mot manie) ou Zar. Pendant plusieurs jours, les possédés y accourent en foule et les cadeaux affluent de toutes parts.

Pâque et Pâques
Pâque qui commémore la résurrection du Christ est la fête la plus importante chez les chrétiens. Le concile de Nicée l'a fixée au premier dimanche suivant la pleine lune après l'équinoxe de printemps (21 mars) Pâques est la fête mobile qui décide de toutes les autres fêtes mobiles.
Le rite pascal a des antécédents païens: c'est Eastre, la déesse du Printemps et de la Renaissance de la nature des Saxons qui a donné le mot Easter «Pâque en anglais». Cette déesse dont la fête coïncidait avec l'époque de la célébration des Pâques chrétiennes, avait le livre pour attribut d'où la tradition du lièvre de Pâques qui apporte les œufs aux enfants. La distribution des œufs aux enfants est toutefois récente en France: pour certains la coutume serait née en Alsace vers la fin du XVe siècle d'où elle se serait répandue dans toute (l'Europe jusqu'en Grèce et en Russie. Depuis un siècle environ les œufs en chocolat sont apparus.
Rappelons que l'œuf d'où est né le monde, selon de nombreuses civilisations est un symbole de renaissance périodique de la nature ou en résumé de résurrection. De plus selon la légende, Simon de Cyrène qui avait aidé le Christ à porter sa croix sur le chemin du calvaire, était un marchand d'œufs. La coutume de teindre les Œufs de Pâques est expliquée de la manière suivante par un récit russe: lorsque le Christ fut ressuscité, Marie Madeleine alla chez Hérode et lui donna un œuf peint. Le fait de teindre les œufs ne répondait pas uniquement à un souci esthétique, la couleur rouge, en général, utilisée jadis pour les œufs de Pâques était apotropaïque (du grec apotropein détourné, qui détourne les influences maléfiques) En Europe (à l'image du bleu en Orient) Les œufs de couleur rouge étaient considérés également comme un hommage au sang versé par le Christ.
Sous l'impulsion des missionnaires qui tentaient de convertir les Germains installés au nord de Rome, Pâques au IIe siècle pris la place de la fête d'Eastre.
Les feux de Pâques allumés dans certaines régions montagneuses d'Allemagne peuvent également passer pour une survivance de rituels païens saluant l'équinoxe du printemps et honorant le soleil / «les feux de Pâques symbolisent le triomphe de la lumière sur les ténèbres. Les anciens Germains les allumaient en l'honneur de Thor qui ramenait le printemps; quand les feux étaient éteints leurs prêtres recueillaient les cendres et les répandaient sur les champs afin de les rendre fertiles! La Semaine Sainte des chrétiens, avec son dieu mis à mis à mort, commémore évidemment la mort de l'antique Roi sacré. Certes, les peuples anciens n'étaient pas avares de sacrifices humains. En particulier, dans l'année divisée en treize (mois arbres, consonnes), les voyelles étaient disposées

en treize semaines les unes des autres et le dernier jour de ces groupes de semaines, il y avait un sacrifice humain. Mais les deux principaux sacrifices restaient ceux du 24 juin et du 24 décembre. Du sacrifice du 24 juin, il reste la fête chrétienne du Précieux sang nous l'avons vu; de celui du 24 décembre il reste la fête des Saints Innocents. En déplaçant le sacrifice jusqu'à une date équidistante de décembre et de juin, les chrétiens l'on fait correspondre aux grandes festivités marquant le retour du printemps chez les juifs (la Pâque) les Grecs (Dionysos) et les Romains (les Vénéralia du 1er avril) en particulier, ce qui pouvait faire oublier les mises à mort des Rois sacrés aux solstices et laisser croire à une nouvelle tradition dictée par Dieu lui-même.

Le réveil de la nature est évidemment prétexte à des mythes de résurrection: à Rome, le 22 mars, on apportait le tronc d'un pin dans le sanctuaire de Cybèle et on le déposait dans une tombe. Il était enveloppé de bandelettes, comme un cadavre. C'était celui d'Atys qui s'était émasculé pour plaire à Cybèle et qui en était mort. Le 24 mars, «jour du sang», les fidèles répétaient la mort d'Atys en se taillandant les bras, tels les flagellants de Séville pendant la Semaine Sainte. Le 25 mars, après une nuit de veille et de jeûne, la tombe était trouvée vide: Atys était ressuscité Pourquoi un tronc d'arbre? Jean l'Évangéliste suggère la réponse dans l'Apocalypse. Il parle d'un «arbre de vie fructifiant douze fois», c'est-à-dire un symbole de l'année, comme Atys ou comme le Saint Jean des loges maçonniques. C'est pour perpétuer le mythe d'Ays que la naissante tradition chrétienne choisit un héros mort sur l'arbre de la croix.

En Égypte, le pilier de DJED, image d'un arbre ébranché, était le hiéroglyphe de la durée et de la stabilité, on le considérait comme le coccyx d'Osiris, support de sa colonne vertébrale et siège de son énergie vitale. L'arbre ébranché, surtout le hêtre, évoque un torse, d'où l'identification à un dieu ou à une déesse représentés nus ou vêtus de feuilles ou de vert. On prêtait trois fonctions à l'arbre: étant l'un des aspects de la divinité, il désignait l'un des mois du calendrier; nourricier; il était l'arbre du paradis, solide et élevé, il était la poutre de l'univers.

À ce moment de l'année, les Druides s'en allaient à la recherche de l'oeuf roux du serpent marin, symbole de la renaissance de la nature. Il devint plus simple de teindre des oeufs en roux et de s'en offrir. Nous les achetons à présent en chocolat."[97]

Or cette présence de l'oeuf a une origine antérieure, plus concrète:

"L'association du cinq aux doigts et à la technicité semble donc très antique et l'on comprend que la Franc-Maçonnerie ait tenu à en perpétuer le souvenir. L'initiation au grade d'Apprenti était une initiation naturiste, une sorte de totémisation de l'homme avec la "nature naturante" c'est-à-dire vierge. Par contre l'initiation au grade de Compagnon insiste très fortement sur la technicité qui permet à l'homme de dominer cette nature et de la transformer en "nature naturée" (Spinoza): au cours des cinq voyages en quoi consiste cette initiation, le nouveau Compagnon se voit confier des outils: pour perfectionner le travail de ses doigts.

Dans la religion chrétienne, c'est le sacrement de la Confirmation qui correspond à l'initiation de Compagnon. Le geste de l'évêque qui transmet le sacrement consiste en un petit soufflet donné du

---

[97]Guy Trévoux, *Lettres, chiffres et dieux*, Paris, Éditions du Rocher, 1979, pp. 343-345.

bout des doigts sur la joue de de l'impétrant. Ce rôle des doigts symbolise une transmission de techniques.

Il paraît au contraire improbable que l'association du cinq et de l'étoile géométrique à cinq branches telle qu'on la rencontre en Franc-Maçonnerie, ait le même nombre de quartiers de noblesse. Elle ne doit guère remonter qu'au Moyen Âge. En effet, dans l'Antiquité, pour rappeler que la technicité acquise grâce aux cinq doigts rapproche l'homme de la divinité, on se plut à collectionner les objets évoquant le cinq, surtout lorsqu'ils étaient beaux et symétriques car cela leur conférait un attrait mystérieux supplémentaire; par exemple l'oursin, les fleurs et feuilles à cinq pétales ou découpes, la pomme coupée en deux selon son équateur.

Parfois certains de ces objets naturels devenaient des talismans tels le micraster ou oursin fossile. Pline l'ancien rapporte (XXIV- 1 2) que cet oursin spatangue, ou oursin des sables très commun sur les côtes atlantiques bretonnes, mais d'un test très fragile, pouvait être trouvé à l'état de fossile, très solide, dans certains terrains. Il était alors parté en guise de talisman par les Gaulois. L'empereur Claude fit mourir un chevalier romain, originaire de l'actuel Dauphiné, parce qu'il portait, pendant un procès, un de ces fossiles suspendu à son cou. Les druides d'ailleurs se gardaient bien d'indiquer de quelle sorte d'animal il s'agissait en réalité. Ils avaient inventé au micraster une origine magique. Ils l'appelaient l'oeuf roux du serpent marin, celui-là que recherchera également Merlin le long du rivage:

"Je viens chercher le moyen de trouver par ici l'œuf rouge, L'œuf rouge du serpent marin, au bord du rivage, dans le creux du rocher."

Il est peu vraisemblable que le pentagramme, dessiné par les poils ambulacraires de l'oursin, représentait pour eux l'homme avec sa tête et ses quatre membres ou l'état major des cinq dieux siégeant au coeur de l'Irlande. C'était tout simplement ce qui subsistait de lointains mythes indiens dont le souvenir exact s'était perdu: le pense-bête ne pouvait plus faire penser au mythe originel."[98]

---

[98]*Ibid.*, p. 35. Sur les doigts (dont on notera que l'importance se retrouve, entre autres, dans les contes, autour des figures du *corpus* Blanche Neige-Cendrillon-Peau d'Âne, et du doigt comme signe de reconnaissance), voir pp. 33-34, par exemple: ""*Le médius, ou majeur, symbolisait la solitude, la réflexion, la fonction de prêtre, était patronné par Yudhisthira chez les Indiens, par Osiris chez les Égyptiens, par Cronos chez les Grecs, par Saturne chez les Romains et par Bran chez les Celtes.*

L'annulaire, symbole des aptitudes artistiques, devrait être patronné par le beau Nakula chez les Indiens (les consonnes de Nakula et de Sahadéva ayant échangé leurs doigts chez les Indiens oublieux du mythe primitif). Il est patronné par Isis (la déesse- Lune du saule) chez les Égyptiens et par Apollon chez les Grecs et les Romains après éviction des anciennes déesses- Lune installées à cette place et remplacées par les Muses soumises à Apollon.

L'auriculaire est gouverné par la voyelle I de la mort dans les mythes de la mort dans les mythes postérieurs à - 1000. I symbolise l'intelligence, la science et la sagesse ou clairvoyance parce que le meilleur moyen de connaître les choses cachées est d'interroger les morts. Porter le petit doigt à l'oreille était un geste druidique pour rappeler que c'était là le téléphone des morts grâce auquel il était possible de rendre des oracles.

Le patron du petit doigt, malgré ses consonnes qui devraient appartenir à Nakula, était Sahadéva chez les Indiens; Anubis, conducteur des âmes aux Enfers, chez les Égyptiens; Hermès chez les Grecs; Mercure chez les Romains puis chez les Gallo-Romains.

On aura remarqué que, pour rappeler que l'annulaire et l'auriculaire sont difficiles à faire bouger indépendamment l'un de l'autre, sauf pour les musiciens et les dactylographes, les Indiens ont fait de leurs patrons des jumeaux et les Grecs en ont fait des frères, tous deux fils de Zeus."

La légende de Merlin:

"*MERLIN-DEVIN.*
« Merlin, Merlin, où allez-vous si matin avec votre chien noir?
— Je viens de chercher le moyen de trouver l'œuf rouge du serpent marin au bord du rivage, dans le creux du rocher: je vais chercher dans la vallée le cresson vert et l'herbe d'or, et dans le bois, sur le bord de la fontaine, la branche élevée du chêne.
— Merlin, Merlin, revenez sur vos pas, laissez le rameau au chêne, laissez à la vallée le cresson et l'herbe d'or; laissez parmi l'écume, dans le creux du rocher, l'œuf rouge du serpent marin. Merlin, Merlin! revenez sur vos pas: il n'y a de devin que Dieu. »"[99]

Renvoie à l'origine dérivative de l'oeuf celtique:

"*Œufs De Mer, Camumi. Voyez Microscome.*
Œufs De Pierre Ou Pierre Ovaire. Nom que l'on donne à une pierre composée de petits grains gros comme des têtes d'épingles; Voyez CENCHRITES, MÉCONITES & PISOLITES, & fur-tout le mot Oolithes. Il y a des Auteurs qui ont aussi donné le nom d'œuf de pierre à un oursin fossile ou pétrifié. Voyez ÉCHINITES.
Œuf De Serpent Ou Œuf Des Druides. La superstition de ces Prêtres Gaulois les portoit à dire que les œufs de serpent étoient formés de la propre bave de ces animaux; Voyez à l'article SERPENT. Boéce de Boot a donné le nom d'œuf de serpent ou d'œufs de mer à des échinites ou oursins devenus fossiles. Voyez OURSIN."[100]

"*Oursins De Mer Fossiles, Echinites. Ce font les mêmes coquilles multivalves dont nous venons de parler* (article "*Oursin de Mer*"), *devenues fossiles par la récession des mers qui couvroient autrefois les lieux où l'on en trouve présentement. Il y a de ces fossiles qui font mutilés Oh qui ont changé de nature; l'on en trouve qui font d'une nature spatheuse, d'autres font changés en silex, & ont conservé leur forme & leurs caractères primitifs. On distingue encore fur ces coquilles, les sutures, les petites éminences, les milliers de petits trous, les espèces de gravures autour des mamelons, dont il est parlé dans Yarticle des Oursins Vivans. On peut consulter l'Ouvrage latin sur les oursins, de M. Klein, traduit en françois par M. Desbois, & imprimé à Paris, en 1754, On peut aussi rapporter aux oursins fossiles, les parties qui en font séparées, & que l'on trouve également dans la terre, telles que leurs dents, leurs osselets i leurs pointes & leurs mamelons.*
Les pierres ou pointes judaïques font aussi des dards fossiles d'oursins. Voyez PIERRE JUDAÏQUE.

---

[99] Édouard Mennechet, *Matinées littéraires: études sur les littératures modernes*, Paris, Ancien bureau du Plutarque français & Librairie de Langlois et Leclerc, 1846, T. I, pp. 60-61.
[100] Jacques-Christophe Valmont de Bomare, *Dictionnaire raisonné universel de l'histoire naturelle*, Lyon, Chez Bruyset, 1791, T. IX: *Mos-Oye*, p. 345.

Les pointes d'oursins fossiles & ordinaires, font des baguettes pierreuses, communément spatheuses, cylindriques, lisses ou striées, de différentes grandeurs, & différemment configurées par le fommets Voyez Oursin De Mer.
On donne le nom d'écuffon d'oursin pétrifié, à ces pieces carrées, ou de figure irréguliere, dont l'afiemblage & la réunion composent la coquille de Y oursin; on en peut souvent compter jusqu'à six cents. Les écujsons orbiculaires qui ont leur apophyse, sont les mamelons de l'oursin mamillaire. Voyez MAMELONS."[101]

"Ce qui sert de tête aux oursins est en général placé au centre inférieur, c'est la partie concave (rarement plane), qui est toujours vers la terre; mais fa partie par où ils vident leurs excrémens & pondent leurs œnfs, est en dessus, quelquefois aussi en dessous près de la bouche même. Cet animal a cinq dents aiguës & visibles, creuses en dedans, formant des osselets pointus, dont l'assemblage imite la figure d'une lanterne (aussi l'appelle-t-on la lanterne d'Aristote), & entre lesquels est un petit morceau de chair qui lui sert de langue, & auquel est attaché le gosier, ensuite le ventre divisé en cinq parties; de forte que l'on diroit que Yoursin a plusieurs ventres sépares les uns des autres & pleins d'excrémens; mais ils dépendent d'un seul ventricule, & tous se terminent à un boyau culier: ainsi les oursins n'ont communément que deux ouvertures proprement dites, dont l'une est la bouche, & l'autre l'anus."[102]

"Pierre Judaïque, ou De Syrie, ou De Phénicie, Lapis Judaïcus. On présume, & même il paroît démontré que c'est la pointe d'une espece particuliere d'ourjìn, devenue fossile, & même convertie en spath: elle est oblongue, obtuse, renflée dans fon milieu, tantôt unie & tantôt chagrinée, ou ornée de lignes perlées, d'une couleur grisâtre.
Ces fortes de pierres ont un pédicule, au bout duquel est une cavité cotyloïde, peu profonde, qui sert d'emboîtement: elles se cassent toujours obliquement. On les trouve communément en Syrie, & dans plusieurs autres endroits de la Judée. Il y en a aussi en forme de gland. Consultes le Tome IV. des Mémoires des Savans Étrangers."[103]

Confirment encore cette thèse, d'un général accord, les autres auteurs, en se basant sur Pline:

"Le gui. Les Druides croyaient que cette plante parasite était semée sur le chêne par une main divine; l'union de l'arbre sacré avec la verdure éternelle du gui était à leurs yeux un vivant symbole du dogme de l'immortalité. On cueillait le gui en hiver. et l'époque de sa floraison, lorsque ses longs rameaux, ses feuilles vertes et ses fleurs jaunes, enlacés à l'arbre dépouillé, représentent mieux l'image de la vie au milieu de la nature morte. C'était le sixième jour de la lune qu'il devait

---

[101] *Ibid.*, pp. 717-718.
[102] *Ibid.*, pp. 711-712.
[103] *Ibid.*, T. X: P-Piv, pp. 495-496. Voir *Histoire de l'Académie royale des sciences ... avec les mémoires de mathématique et de physique pour la même année*, Paris, Imprimerie Royale, Année 1766, p. 228 et planches I & II correspondantes.

~ 73 ~

être coupé; un druide, en robe blanche, montait sur l'arbre, une serpe d'or à la main, et tranchait la racine de la plante, que d'autres Druides, placés en-dessous, reçevaient dans un voile blanc. Ensuite on immolait deux taureaux blancs. Les Druides prédisaient l'avenir d'après le vol des oiseaux et l'inspection des entrailles des victimes. Ils fabriquaient aussi des talismans, tels que ces chapelets d'ambre que les guerriers portaient dans les batailles, et qu'on retrouve dans les tombeaux gaulois; le plus recherché de ces talismans était l'oeuf de serpent. «Durant l'été, dit Pline. on voit se rassembler dans certaines cavernes de la Gaule des serpents nombreux, qui se mêlent, s'entrelacent, et avec leur salive, jointe à l'écume qui suinte de leur peau, produisent cette espèce d'œuf. Lorsqu'il est parfait, ils l'élèvent et le soutiennent en l'air par leurs sifflements; c'est alors qu'il faut s'en emparer, avant qu'il ait touché la terre, Un homme, aposté à cet effet, s'élance, reçoit l'œuf dans un linge, saute sur un cheval et s'éloigne à toute bride; les serpents le poursuivent, jusqu'à ce qu'il ait mis une rivière entre eux et lui.» L'œuf de serpent devait être enlevé à une certaine époque de la lune; on l'éprouvait en le plongeant dans l'eau; s'il surnageait, quoique entouré d'un cercle d'or, il avait la vertu de faire gagner les procès. et d'ouvrir un libre accès auprès des rois. Les Druides le portaient au cou. richement enchâssé, et le vendaient à très-haut prix. On suppose que cet œuf merveilleux n'était autre chose que la coquille blanchie d'un oursin de mer."[104]

"Puis, quand le druidisme fut persécuté, que les prêtres n'eurent plus a la liberté de pratiquer leurs mystères, ils recueillirent, pour la liberté de pratique leurs mystères, ils recueillirent, pour remplacer l'oeuf de serpent, la coquille blanche de l'oursin de mer.
Pris en lui-même, le culte de l'oeuf de serpent serait un acte de magie, purement et simplement, mais vu avec attention, on y retrouve un profond symbole."[105]

6.c.3.2.c. Les Juifs et l'oeuf rouge comme symbole eschatologique

"La Pâque juive était instituée pour rappeler au peuple élu sa délivrance de la servitude d'Égypte Elle était la figure et la prophétie de la solemnité chrétienne du même nom, destinée à célébrer la défaite de l'enfer et la rédemption du monde par le sang d'un Dieu. Dans la fête mosaïque, le sacrifice de l'agneau forme le rite essentiel et annonce l'établissement du sacrifice de la nouvelle alliance. Dans la dernière Pâque de Jésus, le symbole paraît pour la dernière fois et la réalité prend sa place. Il faut donc bien distinguer, en lisant le récit de la Cène tel que nous le trouvons

---

[104]*Encyclopédie théologique, ou Série de dictionnaires sur toutes les parties de la science religieuse*, chez l'éditeur aux Ateliers Catholiques du Petit-Montrouge, 1849, T. XXV, *Dictionnaire des religions*, T. II D-I, p. 371; même paragraphe reproduit à l'identique dans Abel Hugo, *La France pittoresque, ou description pittoresque, topographique et statistique des départements et colonies de la France, offrant en résumé pour chaque département et colonie l'histoire, les antiquités, la topographie,... etc., avec des notes sur les langues, idiomes et patois, sur l'instruction publique et la bibliographie locale, sur les hommes célèbres, etc., et des renseignements statistiques sur la population, l'industrie, le commerce, l'agriculture, la richesse territoriale, les impôts, etc., etc. Accompagnée de la statistique générale de la France sous le rapport politique, militaire, judiciaire,...*, Paris, Chez Delloye, 1835, T. II, p. 23; et Ph. Le Bas, *L'Univers: histoire et description de tous les peuples*, Paris, F. Didot Frères, 1838, T. I: "*Allemagne*", p. 383.
[105]*La Gaule*, p. 79.

dans les Évangélistes, deux ordres de faits qui se rapportent, les uns à l'ancienne loi, les autres à la nouvelle; ne pas confondre avec le festin pascal, l'institution de la sainte Eucharistie.

Les Juifs célébraient ainsi le repas de la Pâque: le père de famille, debout, prenait la coupe dans sa main droite et commençait par célébrer le jour où Jéhovah leur avait ordonné de faire la fête des pains azymes: «Voici, disait-il, le jour de notre délivrance.» Il bénissait ensuite le vin en ces termes: «Loué soit le Seigneur, l'Eternel, qui a créé le fruit de la vigne!» Puis, il vidait toute la coupe et les autres en faisaient autant. Ou bien, après avoir bu, il passait la coupe commune à son voisin, et elle faisait le tour de la table. Cette bénédiction s'appelait en langue grecque Eulogie ou Eucharistie et l'agneau lui-même: sacrifice eucharistique. C'est de là que la Cène chrétienne ou l'hostie consacrée a pris le nom d'Eucharistie.

On approchait ensuite la table et on la couvrait de légumes amers, tels que l'endive, le persil, les radis communs, le cresson ou salade sauvage, le marrube, les bettes et autres plantes ou racines semblables, en souvenir de la nourriture amère de l'esclavage que les Hébreux avaient prise en Égypte. Il y avait à côté de ces légumes, une coquille remplie de vinaigre ou d'eau salée, en mémoire des torrents de larmes qu'ils avaient versés et des calamités qu'ils avaient éprouvées; une espèce de pudding appelé charoselh, bouillie composée de pommes et d'amandes pilées avec des figues, des noix, des citrons et autres fruits du même genre, le tout cuit et réduit dans du vin, et saupoudré decanelle, de gimgembre ou autres assaisonnements du même genre, légèrement pulvérisés. Ce charoseth ou pudding devait rappeler aux Juifs, par sa forme, les briques et le mortier avec lesquels il leur fallut dans de dures corvées, bâtir pour les Égyptiens les villes de Phitom et de Ramessès. On servait encore des pains sans levain, apprêtés comme le pain d'épices par la maîtresse de la maison, et souvent relevés par des ingrédients de toute sorte; enfin, dans un plat, l'agneau pascal rôti. L'œuf de Pâques, peint en rouge ou enjolivé de couleurs bigarrées, était aussi mis sur la table, pour rappeler que Dieu avait miraculeusement sauvé de la destruction, le germe de la postérité d'Abraham. Une fois tous ces mets rangés à leur place, le père de famille disait: «Béni soit le Seigneur qui a créé les biens de la terre!» Il prenait alors des légumes amers, les élevait, «Nous mangeons, disait-il, ces herbes amères en souvenir de ce que les Égyptiens ont rempli la vie de nos pères d'amertume dans le pays de Misraïm l,» Puis il les plongeait dans du vinaigre et en mangeait à peu près la grosseur d'une olive; en accomplissant ces cérémonies, il se tenait toujours debout, attitude destinée à rappeler l'esclavage, et tous les convives l'imitaient. On mettait ensuite la table de côté, pour indiquer une Interruption et aussi pour que les cérémonies qu'on venait de célébrer se gravassent plus profondément dans la mémoire des jeunes gens. Avant que le repas proprement dit commençât, le père de famille lisait la Haggada ou la prédiction, c'est-à-dire quelques textes de la loi, entre autres, ce passage du Deutéronome. «Vous direz en la présence du Seigneur, votre Dieu: lorsque, le Syrien, poursuivait mon père, il descendit en Égypte, et là il demeura, comme étranger, avec un petit nombre d'hommes et il devint un peuple grand et puissant et une multitude infinie.

«Et les Égyptiens nous affligèrent et nous persécutèrent, faisant peser sur nous des fardeaux insupportables;

«Et nous avons crié vers le Seigneur, le Dieu de nos pères, qui nous a exaucés et qui a regardé notre affliction, et nos travaux, et nos angoisses;

«Et il nous a tirés d'Égypte par sa main toute puissante et par la force de son bras, au milieu d'une grande terreur, par des merveilles et des prodiges;
«Et il nous a introduits en ce lieu, et il nous a donné cette terre où coulent des ruisseaux de lait et de miel.»
Après avoir lu ce passage qui rappelait aux auditeurs l'origine de la fête, il prenait de nouveau la coupe, la remplissait de vin rouge en mémoire du sang des premiers-nés d'Égypte, que l'ange exterminateur du Seigneur avait tués, tandis qu'il respectait les maisons d'Israël. Après la lecture on rapprochait la table et l'on se plaçait sur les lits pour commencer le festin pascal; car au temps du Christ, il n'était pas d'usage de rester debout pendant ce festin, le bâton à la main et la ceinture aux reins, ni d'asperger les portes avec le sang du sacrifice.
Le père de famille prenait alors le pain, l'élevait en l'air et disait:
«Nous mangeons ce pain sans levain en mémoire de ce que nos pères n'eurent plus le temps de faire lever la pâte, jusqu'au jour où Dieu se manifesta à eux. et les délivra. C'est pourquoi louonsle et glorifions-le, honorons-le et bénissons-le, de ce qu'il a opéré de si grands miracles pour nos pères et pour nous, et de ce qu'il nous a fait passer de l'esclavage à la liberté, de la douleur à la joie, des ténèbres à la lumière éclatante. Dites donc, Hallelvriah! Esclaves, louez le Seigneur !»
Puis on récitait les psaumes qui suivent:
Hallelu-iah.

Louez, serviteurs de Jéhovah,
Louez le nom de Jéhovah!
Que le nom de Jéhovah soit exalté
De ce jour jusque dans l'éternité,
Depuis le levant jusqu'au couchant.
Jéhovah est élevé par-dessus tous les peuples,
Sa gloire est au-dessus des cieux.

Qui est semblable à notre Dieu?
Qui siége sur un trône aussi haut?
Qui jette un regard aussi profond
Dans le ciel, sur la terre,
Qui relève les petits de la poussière,
Va chercher le pauvre sur son fumier
Pour le placer auprès des princes,
Auprès des princes de son peuple?
Il met la vie dans la maison de la femme stérile,
Et elle devient une mère heureuse.

Hallelu-iah.

Quand Israël sortait de Misraïm,
La maison de Jacob du sein d'un peuple barbare;

La fille de Judas fut son sanctuaire;
La fille d'Israël son royaume.
L'Océan le vit et s'enfuit,
Le Jourdain retourna en arrière.

Océan, pourquoi t'enfuis-tu?
Et toi Jourdain, pourquoi remontes-tu vers ta source?
Monts, pourquoi bondissez-vous comme des béliers?
Et vous collines, comme des agneaux?

La terre tremble devant Jéhovah,
Devant le Dieu de Jacob!.
La pierre se change en eau
Et le rocher en fontaine.
Il bénit la maison d'Israël.

Hallelu-iah.

Après la récitation de cette prière, on ajoutait: «Soyez glorifié, vous, Seigneur notre Dieu et notre Roi éternel, qui nous avez délivrés de l'Égypte, nous et nos pères, et nous avez fait parvenir à cette nuit où nous mangeons les pains sans levain et les herbes amères.» Et le chef de famille renouvelait la bénédiction du vin, le buvait, et se lavait les mains, comme après en avoir bu la première fois, et les autres en faisaient autant.
Il élevait alors un pain, sur lequel il prononçait eette bénédiction: «Glorifié soit le Seigneur, qui fait sortir le froment de la terre !» Et rappelant le jour dont on célébrait la mémoire, il ajoutait: «Ceci est le pain de misère, que nos pères ont mangé en Égypte; que celui qui a faim s'approche et mange, que celui qui en a besoin vienne et fasse la Pâque!» Il rompait ce pain en morceaux pour rappeler que c'était une nourriture de pauvreté, et que le pauvre vivait de petits morceaux et de miettes. Cette cérémonie ne se faisait qu'après la bénédiction, etlorsque l'on avait dit Amen. Toute la bénédiction recevait de ce pain le nom de Hammotzi.
Il en prenait ensuite un petit morceau, l'enveloppait avec les herbes et le trempait dans la bouillie ou Charoset, en disant: «Glorifié soit notre Seigneur qui gouverne l'Univers, qui nous a sanctifiés par ses commandements, et nous a recommandé de manger du pain sans levain avec des herbes amères!» Et en même temps il mangeait ce qu'il avait ainsi trempé.
D'après l'ancien livre judaïque, des cérémonies, le père de famille avant de servir l'agneau pascal, coupait ou rompait le pain, qui ressemblait tout-à-fait à nos grands pains à chanter, et était parsemé d'une foule de petits trous; il le rompait en autant de morceaux qu'il y avait de Convives à la table, et présentait à chacun son morceau en prononçant les paroles que nous avons citées.
On faisait ensuite l'action de grâces et la bénédiction sur la Pâque, ou comme disaient les Juifs: Sur le corps de l'agneau pascal, ainsi qtie sur les autres Viandes consacrées. Cette bénédiction était conçue en ces termes: «Soyez glorifié, Seigneur, notre Dieu, qui gouvernez l'univers, qui nous avez sanctifiés par votre loi, et nous avea ordonné de manger l'agneau pascal! Ceci est la Pâque,

que nous mangeons en mémoire de ce que le Seigneur a passé franc devant les portes de nos maisons, en Égypte.» Le père de famille coupait ensuite l'agneau par morceaux, et les présentait aux convives. Les Juifs croyaient qu'au nombre des priviléges que la Sainte Salem avait sur les autres villes, il fallait compter ceux-ci: Il ne se trouvait aucune mouche dans la maison de l'Immolation, la viande consacrée ne s'y gâtait jamais, et les scorpions ni les serpents ne devaient faire aucun mal dans l'intérieur de ses murs.

On mangeait aussi d'autres viandes pascales, ordinairement du chevreau ou du mouton rôti et là se terminait l'essentiel du repas. Cependant on continuait encore à user de différents mets sans aucune distinction jusqu'à ce que la coupe eût fait la ronde pour la quatrième fois, comme cela se passe encore aujourd'hui chez les descendants de Moïse; car les quatre coupes étaient le symbole des quatre monarchies de l'univers, à l'expiration desquelles devait venir le Messie. Enfin chacun prenait encore un morceau de l'agneau pascal, à peu près de la grosseur d'une olive, pour le consommer en entier; s'il en restait, on le jettait dans le feu et on le brûlait avec les os, parce que c'était une viande consacrée. On ne mangeait plus rien de toute la nuit.

Le repas fini, le maître de maison se levait, lavait ses mains et remplissait une coupe de vin qui s'appelait par excellence la coupe de Bénédiction; car on faisait alors l'action de grâces pour le festin pascal que l'on venait de prendre, et l'on bénissait encore une fois le vin.

Ce que les historiens évangéliques nous disent du dernier repas du Seigneur, s'accorde très-bien avec ces donnéesque nous fournit la tradition juive, et les deux récits se confirment mutuellement. Jésus fait dans ce festin les fonctions de prêtre et de chef de famille, il recite les prières et remplit tous les autres offices prescrits par l'usage. Le jeudi quelques-uns des disciples (probablement Pierre et Jean), rappelèrent à Jésus l'approche de laPâque, pour laquelle on n'avait encore rien préparé et qu'il se proposait cependant de faire avec eux. Il aurait pu prévenir cette demande, mais il voulut leur laisser croire qu'il avait l'intention de célébrer cette fête en même temps que les autres Juifs. Ils n'auraient pourtant pas dû s'y attendre; puisqu'il leur avait déclaré avec tant de précision le jour où sa condamnation à mort serait exécutée. Mais il se proposait surtout de leur montrer comment les plus petites circonstances devaient concourir à tout conduire suivant les desseins de la Providence de Dieu."[106]

La comtesse de Ségur elle-même dans *L'Évangile d'une grand-mère* le raconte en ce sens eschatologique, révélé par le sacrifice juif précédemment décrit, de rénovation et:

"Les enfants étant tous réunis, la grand'mère commença ainsi:
L'Enfant Jésus vivait à Nazareth avec sa mère et avec Joseph; il grandissait et il travaillait avec son père à l'état de charpentier. Tout le monde admirait sa sagesse, sa douceur et sa bonté.
Tous les ans à la fête de Pâques....

---

[106]Frédéric-Edouard Chassay, *Jésus, sauveur du monde: histoire de la Passion de Notre Seigneur*, "*Le festin pascal*", Paris, Louis Vivès, 1854, T. I, pp. 35-45.

PETIT-LOUIS. Comment? les Juifs avaient le jour de Pâques comme nous? Ils mangeaient des œufs rouges ?
GRAND'MÈRE. Ils avaient une fête de Pâques, mais ils ne mangeaient pas des œufs rouges, et ils ne fêtaient pas le même événement que nous.
A la Pâque des Juifs, on fêtait le passage de la Mer Rouge, c'est-à-dire la délivrance des Juifs de la domination très-dure des Égyptiens. Notre Pâque, à nous, est pour fêter la délivrance de tous les hommes du joug très-cruel du démon.
JEANNE. Comment cela? Je ne comprends pas.
GRAND'MÈRE. Quand tu auras entendu toute l'histoire de Notre-Seigneur Jésus-Christ (car c'est ainsi que nous appelons Jésus), tu comprendras comment il nous a délivrés, par sa mort, de la puissance du méchant démon...."[107]

On constate, encore une fois, que cette coutume héritée, depuis le monde russe, s'organise autour des deux épiphanies, de Noël (la naissance, donc l'enfance, comme dans la *Conversation Sacrée*) et de Pâques:

"*La célébration de la fête de Noël, chez les Serviens, se rapproche beaucoup de la Pâque des Russes: on y retrouve les mêmes embrassements et la même formule dans les interrogations et les réponses. Les œufs semblent y être remplacés par des grains de blé, que les visiteurs lancent à travers les portes des maisons en disant: «Le Christ est né»; ceux qui en ont été atteints répondent: «En vérité, il est né». (Voir le t. I, p. 79, des Chants popul. des Serviens, traduits par Mlle Elise Voïart.—Paris, Mercklein, 1824, 2 vol. in-8°.) Quant aux œufs colorés, présent du nouvel an dans beaucoup de pays, ils sont devenus des présents de Pâques, parce que l'année commençait à cette époque. La coutume de donner des œufs rouges à Pâques n'est pas tout à fait perdue parmi nous; on en achète encore pour les enfants. Les œufs et le blé ont été employés comme symboles par plusieurs nations: ils figurent encore dans les Pâques des juifs. Les chrétiens donnaient autrefois aux églises des œufs et du blé en présent. On lit dans la description des cérémonies du Vendredi-Saint, par Th.Naogeorgus, lib. IV, Regni Papistici, description citée ailleurs par Kempius (p. 174):*
Tractabile vulgus adorat,
Dona ferens pariter, nummos, cerceremque vel ova.
(Ne peut-on rattacher à cet usage celui qui veut que chaque famille à son tour donne le pain béni? Pour la distribution de ce pain, ou n'ignore pas qu'elle est une imitation des eulogies, ou distributions de mets bénis, qui avaient lieu dans l'église primitive.)
Les idées symboliques attachées au blé dans le christianisme ont pour fondement, comme on le voit par la lecture des théologiens, l'hostie ou pain sacré et les nombreuses allusions qu'on peut tirer des paraboles et autres passages relatifs aux semences qui se rencontrent dans les Ecritures."[108]

---

[107] Comtesse de Ségur, *Évangile d'une Grand'mère ... illustré de 30 gravures sur bois*, Paris, Librairie L. Hachette et Cie, 1866, p. 30.
[108] Bulletin trimestriel de la Société Libre d'Agriculture, Sciences, Arts et Belles-Lettres de l'Eure, Année 1841, 2ème Série, T. II, Évreux, Jules Ancelle, Juillet 1842, note 1 pp. 412-413.

On retrouve jusqu'en Grèce cette pratique, et son origine commentée, toujours renvoyant aux pratiques de l'année liturgique juive:

"L'été et l'automne sont remplis par des panégyris; et l'hiver, avec ses nuits ténébreuses, traîne à sa suite de lugubres fantômes. Alors on croit voir errer les loups-garoux, que les Grecs appellent sabaziens, et les pagania ou onocentaures, que l'écriture nomme saguirs. Le passage de ces larves immondes, qui sont, d'après la croyance du peuple, des juifs onolâtres occupés à chercher le Messie dans son berceau, afin de le faire périr, dure depuis Noël jusqu'à la Théophanie. On représente ces pagania comme des sorciers maigres, ayant des têtes d'âne et des queues de singe, qui courent les champs et se rassemblent dans les carrefours, en invoquant la lune, qu'ils prient déclarer leurs banquets, où ils mangent des grenouilles et des tortues, amphibies regardés comme immonds. Mais après la bénédiction de l'eau, qui a lieu dans l'église grecque le jour des Bois, ces spectres hideux disparaissent. Les nuits sont purifiées, le ciel est réconcilié avec la terre par le baptême de Peau, les tempêtes cessent, à ce qu'on prétend; et le vent du nord-ouest reprend son empire accoutumé sur les mers de la Grèce.
Les époques de la vie et l'intérieur des familles portent aussi l'empreinte des idées mythologiques; et l'arrangement d'un ménagé exige des dispositions particulières. L'emplacement du foyer doit être orienté d'une certaine manière; et quand on s'étend pour dormir sur la natte, il faut éviter de se coucher les pieds tournés vers la porte. Une pareille position est un signe de mort; et c'est à conjurer cet événement que la plupart des rêveries s'applique, comme si la fin de l'homme n'était pas la condition nécessaire de son existence. Les maisons doivent être nétoyées et l'âtre recrépi à la fête de Pâques, qu'on chôme en mangeant des œufs rouges (NOTE: Les Grecs, qui font de l'esprit sur tout, prétendent que l'usage des œufs de Pâques a été institué en mémoire de la résurrection de J.C., qui sortit, disent-ils, du tombeau frais comme un poulet (Weber, t. I, p. 14 et 15 de ses Mémoires à la cour de Russie).) ainsi que l'agneau symbolique (NOTE: Les Grecs tienuent cet usage des Juifs, qui l'avaient probablement reçu des Sabéens accoutumés à immoler un agneau à l'entrée du soleil dans le signe du bélier.). On brise les plats que les chiens ont léchés (NOTE: Les Grecs reprochent aux Latins de se servir des vases dans lesquels les chiens ont mangé (Vid. Criminationes adversùs ecclesiam latinam, p. 511).), ou bien on les fait étamer de nouveau. On chasse ces animaux et les chats quand il tonne, parce que leur présence est censée attirer la foudre sur les maisons. Pendant les orages, les matelots s'imaginent voir saint Nicolas assis à la poupe des vaisseaux; et le feu Saint-Elme est pour eux le présage assuré du calme prochain des éléments."[109]

---

[109] François Charles Hugues Laurent Pouqueville, *Voyage dans la Grèce: comprenant la description ancienne et moderne de l'épire, de l'illyrie grecque, de la Macédoine Cisaxienne, d'une partie de la Triballie, de la Thessalie, ...: avec des considérations sur l'archéologie, la numismatique, les moeurs, les arts, l'industrie et le commerce des habitants de ces provinces*, Paris, Chez Firmin Didot, Père et Fils, T. IV, pp. 415-417.

Ainsi:

"*Œufs de Pâques. — Un usage qui a survécu à beaucoup d'autres, bien qu'il n'ait peut-être jamais été complétement général dans tous les pays de l'Europe, c'est celui d'échanger, à l'époque de Pâques, des œufs de toutes couleurs et de toutes dimensions. La signification de ces cadeaux étant à peu près oubliée, la coutume pourrait disparaître sans qu'il en résultât, dans nos mœurs, aucun trouble sensible; mais l'industrie est là pour ne pas la laisser tomber, et, s'il en était besoin, pour la faire revivre. Chaque année, au mois de mars ou d'avril, l'imagination des confiseurs se met en frais pour raviver, par l'attrait du luxe et de la nouveauté, le goût des œufs de Pâques. Ces myriades d'œufs qui surgissent tout à coup dans nos élégants magasins de bonbonneries ne peuvent manquer d'éveiller notre attention, et de faire à notre devoir et à nos bourses un appel presque toujours entendu. Il y en a de tous prix ainsi que de toutes couleurs, et pour tous ceux qui ont le bonheur de connaître des enfants ou des dames, c'est encore une obligation aujourd'hui de payer un tribut à la vieille coutume. — Avec le progrès, les œufs sont devenus des boîtes; ils s'ouvrent, ils peuvent contenir, à volonté, une poupée ou un cachemire, et si les complications du jour de l'an vous ont fait faire quelque maladresse, si, pendant les trois mois qui se sont écoulés depuis le bienheureux jour de la Circoncision, vous êtes tombé en disgrâce auprès d'un enfant ou de sa mère, vous pouvez, un œuf aidant, réparer votre tort ou votre oubli, et effacer le souvenir de vos fautes passées. — Chez les pauvres on se donne de petits œufs en sucre, ou même, si les moyens ne permettent pas de sacrifier à l'agréable, on s'offre des œufs rouges et l'on en fait une salade.*
Ces cadeaux du printemps répondent à une idée qui nous vient des Orientaux. Chez eux, l'œuf est le symbole de l'état primitif du monde, de la création qui a développé le germe de toutes choses. Au nouvel an, qui s'ouvre encore en Orient à l'équinoxe du printemps, on célèbre une fête analogue à celle de notre jour de l'an. A cette époque du renouvellement de la nature et de l'année, on échange des présents et l'on s'envoie de toutes parts des œufs peints et dorés, destinés à rappeler le commencement des choses. La même idée devait présider à ces sortes de cadeaux dans le temps où l'année commençait en France le jour de Pâques. Charles IX en fixant le commencement de l'année au 1er janvier, a fait perdre aux œufs une partie de leur importance; mais ils sont restés cependant pour célébrer, à défaut de l'année, le renouvellement de la nature. Autrefois, en France, comme encore aujourd'hui en Russie, les œufs de Pâques avaient un caractère religieux; on ne les distribuait qu'après les avoir fait bénir solennellement le samedi saint: cette tradition est entièrement perdue parmi nous."[110]

---

[110]Charles Rozan, *Petites ignorances de la conversation*, Paris, Lacroix-Comon, 1857, pp. 15-17. Reproduit dans *Journal de l'instruction publique*, Montréal, Département de l'instruction publique, 1859, T. III, p. 94. On en déduit qu'est une coquille, réparée postérieurement, dans l'édition de *Petites ignorances de la conversation*, Paris, Lacroix-Comon, 1856, p. 17: "*... se sont écoulés depuis le bienheureux jour de l'Épiphanie...*" De fait, l'édition de Paris, P. Ducrocq, 1881, parle déjà du "*bienheureux jour de la Circoncision*".

7. Jésus et l'autruche, deux formes d'oeufs

"SERMON LXXVIII.
SUR LE MYSTÈRE DE L'ENFANCE DE JÉSUS-CHRIST NOTRE - SEIGNEUR.
Quis mihi det te fratrem meum fugentem ubera matris mea, ut inveniam te foris, & deofculer te, & jam me nemo defpiciat? (Cant., VIII.)
Qui me donnera de vous avoir pour frère, suçant les mamelles de ma mère, et de vous trouver dehors pour vous donner un baiser, sans que personne me méprise pour ce sujet.
Réjouissez-vous: sainte Epouse, vos souhaits sont accomplis, vos vœux sont exaucés; vous jouissez du bonheur que vous avez si ardemment désiré, et que vous n'osiez vous promettre. Abandonnez-vous à tous les saints transports que peut vous inspirer votre amour. Vous le tenez entre vos bras ce divin Epoux, devenu votre petit frère. Il vous est permis de l'enlever du sein de Marie, notre commune mère, pour contempler à loisir ce plus beau d'entre les enfants des hommes, et vous rassasier de ses chastes ernbrassements. Que la Synagogue superbe vous méprise; que pleine de ses idées fastueuses, elle dédaigne de reconnaître pour son roi celui qui est né dans la bassesse et dans le sein de la pauvreté. Qu'elle prenne à son égard des sentiments de marâtre, et que, plus cruelle que les autruches du désert, elle rejette comme un avorton ce fruit de ses entrailles. L'Epouse n'a garde de le méconnaître; il lui est d'autant plus cher qu'il s'est rendu plus vil et plus abject pour elle. Qu'un insolent hérésiarque, c'est Nestorius, ne rougisse pas de dire qu'il n'a garde d'adorer un Dieu de deux ou de trois mois. Elle a horreur d'un tel blasphème, et frappera cet impie de ses anathèmes et de ses foudres; elle sait qu'il n'a pas perdu la majesté d'un Dieu pour s'être réduit aux infirmités de l'enfance, et qu'il n'est pas moins puissant, enveloppé de langes, que jusqu'au commencement des siècles il enfermait la mer dans ses digues, quand elle sortait avec violence, comme hors du sein de sa mère: qu'il la couvrait pour vêtement d'un nuage, et l'enveloppait, comme il dit lui même dans Job, des bandelettes de son enfance, c'est-à-dire, qu'il lui était aussi aisé de gouverner ce vaste élément et de dompter l'impétuosité de ses flots, qu'à une nourrice de lier ou délier son enfant.
Mais d'où vient, me demanderez-vous, qu'il se fait un enfant, qu'il veut sucer le lait d'une femme, comme les enfants ordinaires, bégayer comme eux, et s'assujétir à toutes les misères inséparables de cet âge, si on en excepte l'ignorance? Ne pouvait-il pas, puisqu'il est le second Adam, paraître sur la terre en la forme du premier, dans l'âge et la figure d'un homme parfait, tel que notre premier père sortit des mains de son Créateur? Pourquoi se rendre en ce point conforme à tous les enfants d'Adam, qui pleurent en entrant au monde, comme pour plaindre leur triste sort, sont assujettis à mille nécessités, et dans une dépendance continuelle du soin de leurs parents? Apprenons-le du grand saint Augustin, qui nous dit que le Fils de Dieu, pleinement maître de toute l'économie que la Trinité sainte a tenue dans le grand œuvre de l'Incarnation, a choisi cet état humiliant pour guérir noire orgueil et nourrir notre amour: Sanans tumorem, et nutriens amorem. Voilà le but et le motif principal qu'il s'est proposé dans le mystère de son enfance, qui est le remède efficace de la plaie profonde que nous avait faite l'orgueil: c'est ce dont j'espère vous convaincre en mon premier point; et le moyen le plus puissant pour embraser nos cœurs d'amour: ce sera le sujet du second. Implorons les lumières de ce divin Enfant, qui ne sont communiquées qu'aux petits; il ne

nous les refusera pas si nous nous adressons avec humilité à sa sainte Mère, en lui disant avec l'ange: Ave, Maria.

PREMIER POINT.

C'est moins par intempérance, selon le sentiment de saint Augustin, que par orgueil, qu'Adam se porta à manger du fruit défendu; il avait déjà commencé à se plaire en soi-même, et il ne tomba dans celte transgression visible et extérieure, que parce qu'il s'était auparavant corrompu dans le fond du cœur; le violement de l'ordre de son Créateur fut le signe et la punition de relèvement secret qui lui avait fait secouer son joug, et de celte présomption insensée par laquelle il s'était voulu rendre le principe de son bonheur. Le sentiment de ce docteur si éclairé est fondé sur l'oracle même du Saint-Esprit, qui nous dit que l'orgueil précède la ruine de l'âme, et que l'esprit s'élève avant sa chute; c'est pourquoi ce même Père ne fait pas difficulté de dire qu'il faut de nécessité que David se soit enorgueilli au dedans de lui-même avant que de commettre un adultère, car il n'aurait pu tomber tout d'un coup du comble de la sainteté dans ee gouffre profond, à moins que l'orgueil ne l'eût aveuglé.

Ce n'est donc pas pour avoir eu une chair que l'homme est devenu semblable au démon, mais pour avoir voulu vivre selon soi-même, pour s'être laissé séduire à l'espérance présomptueuse d'être comme des dieux; celle première tentation ayant pénétré son cœur, a répandu dans celui de tous ses malheureux enfants une ardente inclinalion d'indépendance, par laquelle notre volonté se plaît à n'être qu'à elle seule, et refuse de se soumettre a Dieu même; notre esprit s'éloignant par cette désobéissance originelle de cette sagesse, cette vérité, cette volonté suprême et immuable, n'a plus voulu reconnaître de règle que la sienne propre. O révolte criminelle! ô renversement funeste! Cette première plaie, dont nous avons tous été blessés en Adam jusqu'au fond des entrailles, nous porte à vouloir être indépendants, et nous livrer aux égarements d'une raison aveugle et d'un cœur corrompu: Rupisti jugum a sœculo, dixisti, non serviam. (Jer., II.) C'est le reproche que Dieu fait à son peuple par un de ses prophètes, et que méritaient encore plus les autres nations qui ne le connaissaient pas. Ce n'est pas le vice de quelque pays particulier, c'est celui de toute la terre, de tout le genre humain; il n'y en a pas de plus universel et de plus fécond; un particulier n'a jamais lui seul tous les vices à combattre; il y en a même qui s'entre-détruisent et sont incompatibles; un prodigue n'est jamais avare; un libertin, qui publie ses désordres comme l'infâme Sodome, ne peut être accusé d'hypocrisie; il y a des péchés qui ne se trouvent que dans certains âges, certaines conditions; la jeunesse n'est occupée que de ses plaisirs, et ne songe guère à thésauriser; la vieillesse, au contraire, n'est plus touchée des divertissements; elle s'applique à amasser du bien, ou à conserver ce qu'elle en a acquis; on trouve des gens qui, naturellement ou par l'effet d'une bonne éducation, haïssent le sang, le vin, le blasphème, le mensonge; mais pour l'orgueil, c'est le penchant de tous les hommes, c'est la maladie de tous les esprits, c'est le levain dont nous sommes tous pétris; c'est un vice qui est mêlé à toute sorte de tempéraments; les ignorants et les savants, les spirituels et les stupides, les pauvres et les riches, les enfants et les vieillards, les hommes et les femmes; et, ce qui est de plus étonnant, les justes et les pécheurs en sont presque tous également susceptibles; presque tous cherchent à se faire valoir, à se relever par des qualités réelles ou imaginaires.

La philosophie, qui a essayé de guérir les autres vices, n'a pas même connu la vertu qui est opposée a celui-ci; l'humilité lui a paru une bassesse d'âme, elle a donné aux hommes plusieurs maximes *pour guérir leurs passions, dont la morale chrétienne pourrait s'accommoder; mais comment aurait-elle entrepris de guérir celle de l'orgueil, puisqu'elle faisait son idole de sa prétendue sagesse, dont elle ne se croyait redevable qu'à elle-même, et que toutes ses connaissances, vraies ou fausses, ne servaient qu'à nourrir son orgueil démesuré; les châtiments et les fléaux dont Dieu punissait de temps en temps les excès des hommes et que saint Augustin appelle une dure réprimande faite aux superbes, loin de les humilier sous sa puissante main, ne faisaient que les endurcir et les irriter, ainsi que nous le voyons dans les plans dont Dieu frappa les Egyptiens et dans divers autres exemples: la loi même qu'il grava de son doigt sur des tables de pierres (le pourrait-on croire si saint Paul ne l'assurait), loin de guérir celte maladie invétérée, ne fit que l'augmenter eu multipliant le nombre des prévaricateurs et en irritant la concupiscence effrénée des Juifs; ils se persuadaient faussement qu'ils n'avaient qu'à connaître la volonté de Dieu pour l'accomplir. Nous ferons, disaient-ils, tout ce que le Seigneur nous a commandé, comptant sur leurs forces prétendues, comme des frénétiques; ils n'eurent plus ce prétexte après que Moïse leur eut donné le décalogue; mais la conviction de leur impuissance ne les obligea pas de réclamer le médecin suprême; ainsi notre plaie était incurable et comme désespérée, et le genre humain roulait de crimes en crimes et de précipices en précipices. Que fera Dieu pour le retirer de cet abîme et guérir un mal que les remèdes ne faisaient qu'aigrir? Il se fera semblable aux hommes par une invention admirable de sa sagesse, afin que les hommes, qui dédaignaient de se faire instruire par des hommes, leurs égaux, ne refusassent pas de recevoir les instructions d'un Dieu; il se fera fils de l'homme, afin que toute montagne et toute colline soit abaissée, c'est-à-dire, selon l'explication des Pères, que l'orgueil humain soit détruit: Omnis mons et collis humiliabitur. (Luc., III.) Il ne fallait rien moins que l'exemple d'un Dieu anéanti, revêtu de la forme d'esclave, réduit volontairement à toutes les faiblesses de l'enfance pour ranger l'homme à la raison, pour faire plier son col indomptable sous le joug; tant que le Tout-Puissant est demeuré dans l'éclat de la majesté qui l'environne, dans son indépendance, sa grandeur infinie, l'homme est demeuré obstiné dans sa perfidie aussi bien que l'ange apostat; les tonnerres qu'il faisait gronder sur sa tête n'ont fait impression que sur ses sens, sans ébranler son cœur; mais du moment qu'il est descendu du trône de sa gloire, qu'il a anéanti son immensité dans le sein d'une Vierge, sa majesté souveraine sous les voiles de notre humanité, sa sagesse sous les nuages de l'enfance, sa toute-puissance en se rendant soumis à Joseph et à Marie: ah! l'humilité a paru dans notre terre; cette petite fleur de nard a répandu partout une odeur merveilleuse qui a embaumé tout l'univers. Que nous a-t-il apporté du ciel, dit saint Ambroise? L'humilité, qui ne s'y trouvait plus; ce n'est pas qu'il n'y eût quelque juste avant l'Incarnation, humbles par conséquent, puisqu'il n'y a point de vraie justice sans l'humilité; mais ils n'étaient tels que par l'humble foi à l'avènement du Médiateur, en exprimant par la vertu de sa grâce les traits de ce Dieu anéanti, et préférant ses opprobres et ses ignominies à tous les trésors de la terre. Mais que le nombre en était petit! Ce n'est que depuis qu'un petit enfant nous est né et qu'un fils nous a été donné que les hommes ont connu la nécessité de l'humilité; plusieurs ont embrassé cette vertu et ont fait gloire de participer aux abaissements de leur maître; on a vu des rois se dépouiller de leur pourpre pour se revêtir d'un sac; une infinité de personnes de l'un et de l'autre sexe, distinguées dans le monde par l'éminence de leur rang, en descendre volontairement et fouler toutes les grandeurs aux pieds, pour se cacher et s'ensevelir* dans les solitudes et l'obscurité des cloîtres, afin d'honorer par état l'anéantissement de Jésus-Christ.

Reconnaissons qu'il fallait que la plaie de l'orgueil humain fût bien profonde, bien mortelle, bien incurable, puisqu'il y a fallu apporter un tel remède que le Fils de Dieu ne s'est pas contenté de s'unir à notre nature, mais qu'il l'a prise dépouillée de tous les avantages qui pouvaient rendre cette condition supportable et avec toutes les privations qui l'abaissent et la ravalent, et pour tout due en un mot, avec toutes les infirmités inséparables de l'enfance: *Per omnes naturæ contumelias volutatus.* (Tert.) Pouvait-il s'avilir et se dégrader davantage? N'a-t-il pas épuisé, pour ainsi dire, sa toute-puissance dans la recherche des moyens qui pouvaient le rabaisser: *Quo ulterius progrederetur non habitat.* (S. Aug.) Ne peut-il pas vous dire: Qu'ai-je pu faire davantage que je n'aie pas fait pour vous insinuer l'humilité? Hommes, qui n'êtes que poudre el que cendre, vous cherchez de la considération, de la distinction, des applaudissements et je vis dans l'oubli des hommes, on ne songe pas seulement si je suis au monde; vous vous élevez au-dessus de vos égaux, vous traitez vos inférieurs avec dureté, vous enviez la condition des grands et ne vous soumettez qu'avec murmure et répugnance: et moi, qui suis votre maître et le Seigneur de toutes choses, je suis venu pour servir et non pour être servi, je me suis rendu l'esclave universel; vous cherchez à vous établir dans l'esprit des autres par l'estime d'un esprit de lumière el de sagesse: et je cache tous les rayons de la mienne, pour ne laisser paraître que la faiblesse et l'imbécillité d'un enfant. Oui, c'est en cet état de silence, d'inaction, de captivité, qu'il nous dit plus fortement et plus efficacement cette parole, qui renferme presque tout son Evangile: Apprenez de moi, non pas à vous signaler par des miracles, à changer le cours de la nature el des éléments, à faire des actions éclatantes de zèle, mais à être doux et humbles de cœur. Ah! les nôtres sont d'une dureté impénétrable, s'ils ne sont touchés de cet exemple et de cette parole, plus perçante qu'un glaive à deux tranchants. Quoi! après qu'une telle majesté s'est anéantie, un vermisseau fera difficulté de s'humilier? Quelle impudence! *Ut ubi se majestas exinanivit, ibi vermiculus infletur?* (S. Bern.) Les anges qui sont tombés dans le ciel, sont sans doute plus excusables que vous, puisqu'ils n'avaient pas un Dieu anéanti en leur présence, de même l'orgueil de ceux qui se sont laissés dominer par ce vice avant l'Incarnation, n'est pas si criminel; il est infiniment plus énorme depuis qu'un Dieu s'est humilié lui-même, qu'il est venu nous frayer ces routes si peu battues et détromper les hommes de l'erreur où ils étaient, que cette vertu n'a rien que de lâche, de servile et de rampant; il n'y a que l'orgueil du démon qui puisse désormais demeurer inflexible à la vue d'un tel exemple; cependant j'ose dire que notre cœur, loin d'en être amolli, n'en sera pas seulement effleuré s'il ne joint sa grâce médicinale à son divin exemple et s'il n'aplanit lui-même ces collines d'orgueil, si l'onction de son esprit ne nous fait goûter la vertu qui lui est opposée, que saint Paul appelle ia vertu de Jésus-Christ, parce qu'elle a le plus brillé en lui; c'est celle qui lui a été la plus chère et qu'il nous recommande plus expressément, nous menaçant souvent que si nous ne devenons semblables à un petit enfant, que nous n'entrerons jamais au royaume des cieux.

Il nous a apporté celle grâce du ciel: *Apparuit gratia Salvatoris;* elle découle surtout du mystère de sa divine enfance, dont il influe l'esprit en ceux qui sont fidèles à l'adorer et lui rendre souvent leurs hommages. On peut distinguer une double enfance dont il communique la grâce à ses serviteurs, l'enfance de l'esprit et l'enfance du cœur; la première consiste à croire aveuglément tout ce que l'Esprit de Dieu a révélé a son Eglise, et qu'elle vous enseigne par le ministère de ses pasteurs; la seconde à le pratiquer avec docilité.

Vous savez qu'un enfant ne sait ce que c'est que former des doutes sur les choses dont on l'instruit. Incapable de contredire et de disputer, il reçoit tout sans examen, les paroles de sa nourrice sont pour lui des oracles. Tel doit être un vrai enfant de l'Eglise; il aime à captiver son entendement sous le joug de la foi; également convaincu de la faiblesse de son esprit et de la toute-puissance de Dieu, il n'entreprend pas de la mesurer, de lui prescrire des bornes et de faire agir à sa petite manière sa sagesse immense et sa providence infinie, qui règle tout par des vues profondes et impénétrables, qui embrasse toute l'étendue des siècles et des lieux, dont il sait que les voies sont aussi élevées au-dessus de nos voies que les cieux au-dessus de la terre.

Que fait au contraire l'homme orgueilleux? Il érige un tribunal dans sa raison étroite, obscurcie et sujette aux illusions, dans lequel il critique et condamne la conduite de son Dieu; ce vaisseau d'argile ose dire à l'ouvrier suprême: Pourquoi avez-vous fait ainsi? De là ces doutes affectés sur la religion, ces railleries de nos principaux mystères, cette morale épicurienne accommodée aux passions; de là sont nés les schismes et les hérésies dans tous les siècles. En effet, qui a armé les Paul de Samosate, les Arius, les Eunome, les Nestorius, les Eutychès, les Pélage contre l'Eglise leur mère? Qui a arraché de ces sacrées mamelles dans ce dernier siècle un si grand nombre de ses enfants, qui ont fait un triste naufrage dans la foi, et errent encore dans l'affreuse solitude du schisme? N'est-ce pas la présomption et la témérité des uns et des autres? Les premiers, pleins d'eux-mêmes et d'un orgueil diabolique, poussés d'un désir inquiet de faire valoir les productions de leur esprit, se sont faits chefs de parti et se sont érigés en maîtres sans mission, en promettant à leurs sectateurs la vérité pure, la doctrine des apôtres affranchie des traditions et des corruptions humaines. Les autres se sont laissés entraîner comme des animaux privés de raison, et se crevant les yeux, ont suivi les aveugles dans le précipice; car l'humilité chrétienne, aussi bien que la raison, les devait porter à se juger incapables de prononcer sur les choses dont on les rendait arbitres. On les voulait obliger d'anathématiser l'Eglise romaine, comme une Babylone souillée d'idolâtries et de superstitions; s'ils eussent eu cet esprit qui repose sur les humbles, et si leur simplicité eût été sage et éclairée, ils eussent répondu d'abord à ces séducteurs: La discussion de tous ces dogmes que vous nous voulez faire condamner, est au-dessus de notre portée, nous en sommes absolument incapables, nous nous en tenons à ce qu'ont cru nos Pères, vous n'êtes que de faux apôtres et des prédicateurs d'un nouvel Evangile. Ce n'est donc que par défaut d'humilité qu'ils se sont laissés abuser par Luther, Zwingle et Calvin, ces loups ravissants, et qu'ils persistent encore aujourd'hui dans leur révolte contre la vraie Epouse de Jésus-Christ; peut-on assez déplorer un tel malheur?

Il n'y a que l'enfance chrétienne qui y puisse remédier, c'est elle qui assujettit parfaitement l'esprit à l'obéissance de la foi: elle inspire un profond respect et une déférence aveugle pour toutes les vérités connues, et même pour celles qui sont inconnues; elle apaise les flots qui s'élèvent dans nos pensées, comme en une mer émue; elle couvre d'un saint nuage la difficulté des mystères, en sorte qu'on ne s'en aperçoit presque pas, tant on est occupé et pénétré du sentiment de sa faiblesse et de la grandeur divine. Elle ne consulte ni le sens ni la raison, mais elle s'attache à l'autorité de Dieu et de l'Eglise, colonne de la vérité; loin de donner entrée dans son esprit à toutes les réflexions qui naissent eu abondance de ce fonds corrompu qui est en nous, elle fait taire ses raisonnements et met sa joie et sa sûreté à s'anéantir sous le poids de sa majesté suprême.

Que ce désaveu de notre raison est raisonnable! Qu'il est aimable aux âmes qui sont assez éclairées pour connaître leurs ténèbres! Il n'y a que des aveugles volontaires qui ne savent seulement ce que c'est que lumière, qui osent ainsi se rendre juges des vérités; ils blasphèment ce qu'ils ignorent; au lieu que ceux qui ont reçu l'esprit de l'enfance chrétienne le révèrent, et demandent humblement à Dieu qu'il éclaire leurs ténèbres; ils s'écrient dans la reconnaissance de leur faiblesse et de l'élévation infinie de cet être incompréhensible: O profondeur des richesses de la science et de la sagesse de Dieu! Que vos conseils sont impénétrables! ils découvrent partout des abîmes: ainsi, ne trouvant d'autre sûreté que de ne juger des choses de Dieu et des principes de la religion, que par la lumière de Dieu, ils établissent toujours la foi pour le fondement de toutes leurs connaissances, et c'est par cette foi qu'ils parviennent souvent à l'intelligence: Declaratio sermonum tuorum illuminat, et intellectum dat parvulis. (Psal.CVIII) Bien loin que la difficulté de concilier la prétendue impossibilité des mystères les fasse chanceler dans la foi, c'est ce qui les y affermit; ils y reconnaissent la marque et le caractère de Dieu; c'est dans ce sens que Tertullien disait: «Plus les merveilles de la religion paraissent incroyables, plus elles sont croyables;» car, si c'était fausseté et invention de l'esprit de l'homme, celui qui aurait imaginé et fabriqué ce système, n'eût pas manqué de l'accommoder à la portée de l'esprit humain, ainsi qu'a fait Mahomet, et dans nos jours l'infâme Spinosa; ainsi, puisqu'elles surpassent notre intelligence, il faut conclure qu'elles partent nécessairement d'un être infiniment élevé au-dessus de nos esprits. Je ne fais qu'éclaircir la belle et hardie pensée de cet ancien Père: «Notre religion, dit-il encore, ne serait pas divine si elle avait pu être inventée par un homme, et elle mérite d'autant plus d'être regardée comme l'ouvrage de Dieu, qu'elle s'éloigne plus des règles de la prudence humaine; le Fils de Dieu est mort, cela est croyable parce que cela paraît insensé; étant enseveli il est ressuscité, cela est certain parce que cela paraît impossible: Credibile quia incredibile.»

Il me semble qu'il n'y en a aucun de vous qui ne dise: Je crois de la sorte, je n'hésite pas à embrasser les articles de foi contenus dans le symbole, je souscris aveuglément à toutes les décisions de l'Eglise et des pasteurs que l'Eglise lui a donnés, afin que nous ne fussions pas toujours flottants, et ne nous laissassions pas emporter a tout vent de doctrine. Oui, vous êtes peut-être persuadés et convaincus, si vous voulez, des mystères spéculatifs qui ne sont pas contraires à vos inclinations, et ne vous engagent à rien de pénible à la nature; vous n'hésitez pas, sur la créance d'un Dieu en trois personnes, de la seconde de ces trois, incarnée pour nous racheter; vous détestez l'impiété des hérétiques qui ont nié la vérité de la chair de Jésus-Christ, ou de la présence réelle dans l'auguste sacrement de nos autels; mais, pour les vérités de pratique qui gênent l'amour-propre et vont à mortifier la sensualité, qui combattent notre orgueil et nos autres passions, en est-on bien convaincu? Sondez là-dessus votre cœur, je vous prie: s'il refuse d'embrasser cette dernière espèce de vérité, voire foi est imparfaite. Vous n'avez que l'enfance d'esprit sans avoir celle du cœur, vous ne croyez pas en Jésus-Christ comme vous y devez croire; car, pour y croire comme il faut, il ne suffit pas de reconnaître qu'il a pris naissance d'une vierge, qu'il a été circoncis, présenté au temple, baptisé par son précurseur, qu'il est ressuscité par sa propre vertu et assis présentement à la droite de son Père; il faut reconnaître encore que toutes les maximes qu'il nous a enseignées en qualité de docteur de justice sont la vérité même. Voyez là-dessus, sans vous flatter, si vous êtes pleinement convaincus qu'il faut devenir comme un petit enfant pour entrer au royaume des cieux, qu'il faut se faire une grande violence, porter de bons fruits, n'user des plaisirs les plus permis qu'avec une extrême réserve, se considérer comme étranger et exilé en ce monde, et soupirer pour la Jérusalem céleste. Avez-vous jusqu'ici regardé les richesses comme des épines qui ensanglantent l'âme lorsqu'elle s'y attache, et la jouissance des plaisirs comme la souveraine misère? Avez-vous craint de recevoir ici-bas vos biens et votre récompense? Vous êtes-vous estimés heureux lorsque Dieu vous a exercés par diverses tribulations? Avouez qu'il y a encore bien à travailler avant que vous parveniez là, et que vous n'avez que trop sujet de faire à Dieu avec larmes la même prière que lui faisait le père de cet enfant lunatique: Je crois, Seigneur, aidez mon incrédulité; j'ai de la foi pour les choses que vous avez faites pour moi, mais j'en manque dans les choses que vous exigez que je fasse pour vous; soumis dès qu'il ne s'agit que de croire et de souscrire une formule de foi; révoltés dès qu'il est question d'agir et de retrancher, par le fer de la mortification, tant de superfluités vicieuses; monstres dont l'esprit est chrétien et le cœur infidèle, notre vie dément notre créance, et nos actions sont une preuve sensible que nous ne vivons pas de la foi qui est la vie du juste; et comme le corps, lorsqu'il est sans âme, n'est qu'un cadavre, un objet d'horreur; ainsi la foi est morte, lorsqu'elle est sans œuvres; cette foi nous pourra-t-elle sauver? Ce serait une formelle hérésie de le croire.

Que vous servira-t-il en effet d'être convaincu du peu de solidité et du néant des biens de cette vie, de la folie et de la misère qu'il y a de s'attacher aux créatures, et du vide universel de tout ce qui est sous le soleil, si votre cœur demeure toujours possédé de l'amour de ces faux biens, enchanté de ces folies, idolâtre de l'argent, esclave d'une vile créature; si vous aimez votre servitude, entretenez votre maladie et ne faites aucun effort pour en guérir, et vous dégager des liens du péché? De quelle utilité vous sera-t-il de savoir qu'il faut consacrer à Dieu tous les talents de nature et de grâce qu'on a reçus de lui, et les faire servir à sa gloire, qu'il faut lui rapporter toutes nos actions particulières et ne rien faire que par la charité; cependant rien de plus rare que d'en user ainsi; quel abus ne fait-on pas communément des dons de Dieu? Songe-ton seulement à lui rapporter ses actions et ses entreprises? Quelle part a-t-il dans nos projets? Quel profit retirerez-vous de savoir que sa grâce nous est nécessaire pour chaque action, que nous ne saurions faire un pas si elle ne nous soutient, que nous sommes environnés d'ennemis visibles et invisibles qui ont juré notre perte; si, pélagiens dans la pratique, nous ne réclamons jamais le secours de Dieu, si nous le tentons tous les jours en nous exposant témérairement au péril, si nous vivons avec autant de sécurité que si nous n'avions rien à craindre, et que le démon, comme un lion rugissant, ne tournât pas sans cesse autour de nous pour nous dévorer? Toutes ces lumières et ces connaissances ne serviront qu'à nous attirer un supplice plus rigoureux; car le serviteur qui aura su la volonté de son maître, dit Jésus-Christ lui-même, et n'aura pas fait ce qu'il désirait de lui, sera battu plus rudement que s'il l'avait ignorée: c'est ce que saint Paul appelle retenir la vérité de Dieu dans l'injustice; on est coupable de ce crime lorsqu'on ne la fait pas passer dans ses actions. Je veux que ce ne soit pas par mépris, mais la paresse et l'inutilité ne suffisent-elles pas seules pour nous perdre, puisque tout arbre qui ne produit pas de bon fruit sera coupé et jeté au feu; l'arrêt en est prononcé, et la coignée est déjà à la racine de l'arbre. L'enfance de Jésus-Christ nous donne la force de produire de bonnes œuvres, et de nous élever au-dessus de l'infirmité de la chair; car l'infirmité de la sienne unie à sa personne adorable est un principe de force et de courage qui nous rend supérieurs à la faiblesse de la nature, parce que ce qui est infirme en Dieu renferme une force et une vertu infinie, et l'impuissance même de l'homme en la main de la grâce devient toute-puissante et invincible au démon: Ibi abscondita est fortitudo ejus. (Habac, III.) N'alléguez plus votre faiblesse pour vous dispenser de courir dans la voie des préceptes. Recourez à ce mystère adorable dans lequel il a plu à Dieu de renfermer sa force, il vous inspirera une vigueur toujours nouvelle qui vous fera marcher à grands pas dans la carrière; et comme le corps se durcit et se fortifie à mesure qu'on avance en âge, de même, à proportion du progrès que vous ferez dans cette enfance spirituelle, vous acquerrez toujours plus de force pour pratiquer vos devoirs.

Ce n'est pas toutefois assez de les remplir tous exactement et de produire au dehors une quantité de bonnes œuvres, il faut qu'elles naissent de la racine de la charité pour être agréables à Dieu, sans quoi elles ne seraient propres qu'à nourrir notre vanité; mais Jésus-Christ influe cet esprit de charité en ses membres par sa divine enfance, dans laquelle il ne s'est pas proposé seulement de guérir l'enflure de notre orgueil, mais encore de forcer nos cœurs à l'aimer; c'est ce que nous allons voir en mon second et dernier point.

SECOND POINT.

Saint Augustin renferme excellemment sous une seule idée le double dessein qu'a eu le Fils de Dieu de guérir par son enfance notre orgueil et notre tiédeur pour les choses de Dieu; le genre humain, dit il, était comme un grand malade tout couvert de plaies; un grand médecin est descendu du ciel, voilà l'humilité de notre Sauveur; il a entrepris la cure de ce malade, voilà sa charité. Quel remède a-t-il employé? sa petitesse volontaire a été l'un des principaux. Le grand saint Léon exprime la même pensée en deux mots pleins d'énergie: Inclinatio miserationis. Mais l'Ecriture sainte nous fournit une figure qui fait encore mieux à mon sujet: l'homme n'était pas seulement accablé de maladies, il était mort dans son âme, ainsi que Dieu l'en avait menacé en la personne d'Adam. Le Fils de Dieu, qui s appelle lui-même la résurreclion et la vie, descend du ciel pour le réveiller de ce sommeil de mort, et rappeler son âme en son corps. Comment a-t-il opéré ce grand miracle? Voyez-le dans une des plus belles figures, c'est la manière dont le prophète Élie ressuscita le fils d'une femme veuve de Sarepta: il le prit mort entre ses bras, le porta dans sa chambre, le mit sur son lit, puis s'étendit sur l'enfant par trois fois en se raccourcissant, et se mesurant à son petit corps, il cria fortement au Seigneur; lequel ayant entendu la voix de son serviteur, fit rentrer l'âme de l'enfant dans son corps. Qui ne voit d'abord que toutes ces circonstances sont mystérieuses, et signifient autre chose que ce qui est renfermé sous la lettre? puisque ce raccourcissement et cette triple inclination n'étaient point nécessaires à celui que Dieu rendait comme dépositaire de sa toute-puissance.

Ce raccourcissement marque, selon les saints Pères, le profond abaissement du Fils de Dieu dans son Incarnation, sa naissance et sa Passion pour opérer la résurrection du genre humain. Il s'est par ces mystères, surtout par celui de sa divine enfance comme raccourci et mesuré d'une manière étonnante à la bassesse de notre nature, appliquant ses yeux à nos yeux, ses joues à nos joues, sa bouche à notre bouche, afin de ranimer ce cadavre, et faire renaître l'homme nouveau. O charité excessive et incompréhensible! Si l'amour, et un amour bienfaisant, est le plus puissant motif qui puisse porter à aimer réciproquement, où en trouver un qui égale celui de notre divin Maître, et qui soit accompagné de plus de faveurs? Il nous aime quoi qu'indignes de son amour par notre bassesse, et encore plus par le péché de notre origine, et par tant de péchés actuels que nous y avions ajoutés. Il se fait comme l'un de nous, il met ses délices à vivre avec les enfants des hommes, et se rend enfant pour leur inspirer une pleine et entière confiance. O invention surprenante de son amour! Qui peut vous donner les louanges que vous méritez? Tout l'amour créé peut-il y répondre dignement? Que le sort des enfants de l'Eglise est différent de celui des enfants de la Synagogue! Ils étaient traités en esclaves; Dieu se conduisait à leur égard, comme un maître sévère qui a toujours la verge à la main pour punir de méchants serviteurs; il ne se montrait à eux qu'au milieu des éclairs, des foudres et des tempêtes, avec un tel appareil de terreur et de majesté, qu'ils étaient tous saisis d'une crainte mortelle et qu'ils suppliaient que Dieu ne leur parlât plus, car ils ne pouvaient porter la rigueur de cette menace; que si une bête touchait seulement la montagne, elle serait lapidée; et Moïse lui-même quoiqu'accoutumé de s'entretenir avec Dieu, comme un ami fait avec son ami, était tout tremblant et tout effrayé, tant ce qu'il voyait était terrible.

L'ancienne alliance, loi de rigueur, a fait place à la nouvelle loi d'amour. Le Dieu des armées, le Dieu des vengeances, le Dieu de Sinaï, qui ne laisse pas la moindre faute impunie, s'est revêtu d'une chair sensible et d'un corps mortel; il s'est fait notre frère; et n'est pas plutôt né qu'il envoie ses anges inviter de pauvres bergers de venir lui faire leur cour, et recevoir ses premières grâces. N'entendez-vous pas comme il nous invite lui-même par tes cris enfantins? Quoiqu'il soit né roi, et que les plus grands monarques de la terre ne soient devant lui que cendre et que poussière, il n'a pas voulu paraître avec tout cet éclat, et cette pompe qui les environne, il se rend doux, facile, accessible à un chacun. Et que prétend-il par toute cette conduite, qui semble flétrir sa gloire et le dégrader? Notre amour; il veut uniquement gagner notre cœur, comme si un pareil gain pouvait le rendre heureux.

Vous n'attendez pas, mon divin Sauveur, le jour de la Pentecôte, pour faire descendre sur la terre ce feu sacré dont vous voulez qu'elle soit embrasée; vous l'y apportez vous-même, il n'y a personne qui puisse se cacher à sa chaleur. Défendez-en si vous pouvez votre cœur: considérez sans l'aimer ce visage dont il a voilé la lumière qui vous aurait ébloui, ces yeux qu'il a désarmés de ces éclairs qui vous auraient fait trembler, ces mains dont trois doigts soutiennent la masse de la terre qu'il a souffert être enveloppées de bandelettes. Et si vous n'êtes plus froids que la glace et plus durs que le bronze, vous sentirez vos cœurs tout brûlants au dedans de vous-mêmes; et vous vous écrierez avec saint Bernard: si le Seigneur est au-dessus de nos louanges dans sa grandeur et sa magnificence, s'il est terrible dans sa toute-puissance et l'éclat de sa majesté, il est infiniment aimable dans sa petitesse et sa bonté charmante ne peut être assez célébrée: *Parvus Dominus et amabilis nimis.*

L'homme devenu tout terrestre et charnel par le péché, ne pouvait plus aimer des objets purement spirituels, il n'était pas même capable de les bien concevoir et de s'en former une juste idée. Le Fils de Dieu, pour nous retirer de l'amour des choses corporelles et corruptibles, se fait chair, afin que nous puissions aimer innocemment la chair et nous en servir comme de degré pour passer à un amour indépendant des sens: mais pour ne nous pas effrayer par l'éclat qui devait naturellement rejaillir sur une chair unie au Verbe, il l'éclipsé sous le voile d'un corps ordinaire pareil au nôtre et sous celui de l'enfance; il veut par là rassurer les plus grands pécheurs que sa sainteté infinie pourrait alarmer. Car qu'y a-t-il à craindre d'un enfant? Approchez-vous en donc pécheurs, que le souvenir de vos désordres effraie, si ce n'est qu'un embrassement et qu'un baiser vous effarouche. Pourquoi fuyez-vous? Il n'a pas la main armée de foudres et de carreaux; arrêtez-vous donc, encore une fois, et prenez des sentiments de confiance dignes de sa bonté. Ecoutez la voix de cet aimable enfant qui vous appelle dans le silence, comme il doit un jour appeler Madeleine, et vous *regarde de ces mêmes yeux dont il regardera Pierre après son péché! Ne vous troublez pas à cette voix ni à ses regards. Ce n'est pas une voix de colère mais de douceur, ce ne sont pas des regards menaçants et foudroyants, mais tendres et amoureux. Que le premier pécheur se cache dans le Paradis terrestre au son de la voix de son Créateur qu'il a irrité; ce n'est ici que la voix d'un enfant qui n'a rien de terrible, et qui au contraire, sans pouvoir encore rien articuler, vous dit d'une manière très-intelligible: Tolle me, et redime te (S. Petr. Chrysol.), prenez-moi et rachetez-vous. Hommes, vous naissez pécheurs, et je viens vous laver de vos crimes, j'y consacre tout le sang que j'ai dans les veines, prenez-moi et rachetez-vous. Hommes, vous naissez esclaves, et je viens vous affranchir de la servitude du démon, j'apporte votre rançon, prenez-moi et rachetez-vous, Hommes, vous naissez misérables, et je viens vous rendre heureux en faisant l'échange de ma félicité contre vos misères: Tolle me, et redime te. Ne faudrait-il pas à ces paroles se fondre en adoration, en amour, en reconnaissance, se répandre en cantiques de louanges et d'actions de grâces? Pourquoi, Seigneur, ne sommes-nous pas tout à vous comme vous êtes tout à nous? Pourquoi ne répondons-nous pas à vos desseins, et ne nous abandonnons-nous pas à l'empire amoureux de votre grâce? Vous ne demandez que notre amour pour tant de bienfaits, pour un excès si prodigieux d'amour, et nous pourrions vous le refuser pour le donner tout entier ou le prostituer à une vile créature, à un vil métal! Ah! non, Seigneur, il n'en ira pas ainsi, nous ne nous oublierons pas jusqu'à ce point; pourrions-nous tomber dans ce gouffre d'ingratitude, cette extinction du foi, et même des lumières de la raison? Ce malheur cependant nous arrivera infailliblement si sa grâce ne nous prévient, ne nous accompagne, et ne nous suit, et si nous ne l'attirons en nous par une fervente prière et une fidèle coopération aux bons mouvements qu'elle nous inspire.*

Conservons toute notre vie une tendre dévotion pour le mystère adorable de la sainte enfance, source de toutes sortes de bénédictions spirituelles, mais qui opère particulièrement dans les âmes bien disposées une voie d'innocence et de simplicité, opposée à la superbe et à la duplicité du cœur humain, et qui est si capable de nourrir, d'entretenir et de fortifier notre amour envers le Verbe fait chair et envers nos frères qui sont ses membres; car, ne vous y trompez pas, il ne se sépare jamais de son corps mystique, il ne veut pas être aimé tout seul, mais dans l'union de ceux que son Père lui a donnés afin qu'ils ne fussent qu'un tous ensemble, consommés dans une unité parfaite par son divin Esprit qui est l'âme de ce grand corps, le lien de tous les membres entre eux et avec le chef, l'amour dont ils s'aiment mutuellement; celui qui hait son frère ou qui ne l'assiste pas de ses biens le pouvant faire, est dans les ténèbres et la mort, il détruit autant qu'il est en lui toute l'économie adorable que Jésus-Christ est venu établir sur la terre en formant une société dont la multitude ne fait qu'un cœur et qu'une âme, et il devient membre du démon qui était homicide dès le commencement.

Après toutes les marques d'amour que Jésus-Christ nous a données malgré notre indignité, dont je n'ai pu vous étaler que la moindre partie, n'a-t-il pas droit de transférer une partie de son droit à ses membres? Nous leur devons le sacrifice de notre vie par cette raison. Est-ce trop exiger que de demander l'affection de notre cœur et quelque argent, quelque secours temporel dans ses besoins? Malheur à nous si nous n'embrassons un moyen si court et si facile de participer aux richesses surabondantes de la grâce que le Père éternel nous a faite en Jésus-Christ, en nous rendant la vie en lui et le droit à l'héritage céleste dont nous étions déchus.

Aimons donc un Dieu si prodigue de lui-même, si digne d'être aimé; aimons en lui le prochain. Mais, comme pour nous rendre témoignage que nous aimons le prochain, le signe le moins équivoque est de l'aider de nos moyens, et de le servir dans tout ce qui dépend de nous, pour nous convaincre si nous aimons Jésus enfant et si notre dévotion envers ce mystère est solide, faisons tous nos efforts pour l'imiter, pour exprimer en nous les traits de son humilité, de sa douceur, son obéissance, sa pureté, son insensibilité pour les biens et les plaisirs du monde. C'est lui-même qui se donne pour modèle en la personne d'un petit enfant, puisqu'il est le seul d'entre les enfants d'Adam qui n'ait pas leurs défauts, mais qui possède au contraire toutes les perfections du Fils unique de Dieu. C'est dans le même sens que saint Paul nous dit: Ne soyez pas enfants pour n'avoir point de sagesse, mais pour être sans malice et sans tromperie; par où vous voyez que l'enfance chrétienne ne consiste pas à juger de tout

par les sens comme des enfants, ni à imiter leur légèreté et leur amour pour des bagatelles, mais à porter l'image de leur innocence, leur simplicité, leur ignorance du mal, leur douceur, à être purs d'esprit et de corps, incapables de desseins d'élévation, de richesses, d'honneurs, de fortunes; c'est cette enfance chrétienne, essentielle au salut, la voie universelle de tous les disciples d'un Dieu anéanti, qui nous fera mériter d'être un jour grands dans le ciel.

Seigneur, nous concevons à présent et nous adorons les profonds conseils de votre sagesse dans le mystère de votre divine enfance; nous comprenons que vous venez nous sauver par le contraire de ce qui nous a perdus; faites-nous la grâce d'entrer de toute la plénitude de notre cœur dans ses desseins. Puisque vous vous êtes ravalé à un état si indigne de votre majesté suprême pour guérir notre orgueil, faites que nous le détestions sincèrement et l'ayons en abomination, que nous mettions dorénavant notre gloire dans les opprobres, notre ambition, a embrasser ce qu'il y a de plus vil et de plus méprisé; que toute notre vie porte les caractères de votre humilité. Faut-il que nous soyons toujours malades après que le médecin est venu? Puisque vous vous dépouillez de vos grandeurs pour vous revêtir de mes misères, faites que je renonce parfaitement à moi-même, et que j'étouffe cette inclination corrompue qui me porte à m'élever et à chercher de la distinction. Que votre esprit adorable opère en mon cœur la ressemblance de ce mystère; que la grâce qui en émane se répande sur toutes les actions de ma vie; qu'il reçoive toutes vos vérités saintes avec docilité, et les pratique avec fidélité; car ce ne sont point ceux qui écoutent votre loi qui sont justes à vos yeux, mais ceux qui la gardent religieusement. Pour cet effet gravez-la dans nos entrailles en caractères d'amour, afin qu'elle soit notre joie et nos délices. Vous êtes venu établir le règne de votre amour sur la terre, arrachez-en la cupidité qui en est l'ennemie. Comment reconnaître l'amour excessif que vous faites éclater en vous rendant fils de l'homme, et notre petit frère? Miséricorde infinie, achevez votre ouvrage; donnez-nous cette reconnaissance; faites-nous adorer sans cesse ces bassesses sous lesquelles vous n'éclipsez votre grandeur que pour faire mieux connaître votre amour. Ôtez-nous l'esprit de crainte et de servitude; donnez-nous celui d'adoption, qui nous fasse crier: Mon père, mon père! lui obéir avec ardeur, chérir tendrement nos frères, aspirer aux biens qu'il nous a promis, et regarder ceux que nous avons déjà reçus comme des gages et des arrhes de ceux qu'il nous réserve dans la gloire."[111]

---

[111] Edme-Bernard Bourée, dans Jacques-Paul Migne, *Collection intégrale et universelle des orateurs sacrés du premier et du second ordre... et Collection intégrale ou choisie de la plupart des orateurs du troisième ordre...*

On nous pourrait reprocher d'avoir élu un texte en fonction de nos nécessité, en en augmentant l'emphase par la citation complète, si le *corpus* antérieur ne l'encadrait dans une réciprocité idéologique confirmée.

On voit comment l'évocation, au passage, mais aussi au début, de l'autruche, renvoie, dans l'ensemble du texte, au contexte de la naissance, de l'enfance du Jésus humain comme rédempteur, le second point du sermon exprimant plus clairement, dès le début de son second paragraphe, le lien entre les mystères de la naissance et de la Passion, et, consécutivement, reprenant l'opposition entre la Vierge et la Synagogue-autruche du début du sermon, dès le début du troisième paragraphe, l'opposition entre l'ancienne et la nouvelle alliance, l'ensemble du discours focalisé sur la question de la rédemption de l'orgueil humain, depuis Adam (traité dès le début du premier point), par Jésus, comme contrepartie et salvation.

En outre, toute personne éduquée dans la foi catholique saura reconnaître en cette démonstration, et la superposition des deux épiphanies, l'une préfigurant l'autre, la naissance marquant, en puissance, l'entrée dans la Nouvelle Alliance, un discours commun, habituel, sans plus grande complexité investigative.

---

publiée selon l'ordre chronologique, Paris, Imprimerie catholique, 1854, T. XXXIX, pp. 1154-1165. Repris de Bourée, *Sermons sur tous les mystères de Notre Seigneur Jésus-Christ et de la Très-Sainte Vierge*, Lyon, Léonard Plaignard, 1703, T. I, pp. 238-275. Faisons ici une parenthèse, pour noter que la démonstration du Père Bourée a deux faiblesses, propres d'ailleurs du discours théologique: tout d'abord il assume qu'un sens abscons, incompréhensible, des dogmes de la Foi prouve l'existence de Dieu, mais encore faudrait-il, pour que cette opinion, ingénieuse sans doute, soit certaine, que l'on nous démontre que les religions ne s'ingénient pas à être obscures précisément pour se rendre incompréhensibles au commun des mortels, créant ainsi, de fait, non obligatoirement de droit, une rupture entre l'ordre social général et celui de la religion (ne pensez pas, car nous ne pouvez pas penser, savoir, comprendre), c'est le principe ésotérique de toute religion et de tout temps; la seconde réflexion est l'insistance sur la salvation par le Christ, cependant niée par la constatation, juste celle-ci, que cette supposée salvation n'a absolument rien changé, faisant ainsi de la preuve de la démonstration un faux *a priori*. Tout ceci en outre du fait que, comme toujours, dans cette abondante littérature religieuse (voir notre travail intitulé: "*Existencia de Dios*"), l'on nous explique longuement qu'il n'y a rien à comprendre; s'il en est réellement ainsi, nous assumons que, comme dans nos Sciences Humaines (Umberto Eco, Roland Barthes, Daniel Arasse, etc., voir à ce sujet nos travaux "*Les rois nus*", introduction à notre ouvrage *Iconologia*, 2001, et notre thèse *Roland Barthes et la théorie esthétique*, publiée la même année), l'on pourrait s'être économiser beaucoup de pages.

"*V. I. Qui me procurera le bien de vous voir comme mon frère, suçant les mammelles de ma mère? L'Epouse continuant de parler de son zèle pour le salut & l'avancement des Fidelles dont elle s'estoit expliquée dans les derniers versets du Chapitre précédent; dés le commencement de celuy-cy s'adresse à son Epoux avec une maniére de transport, dans lequel elle souhaite le bien de le voir ou de le posséder comme son frére. Il semble d'abord qu'elle demande l'accomplissement du mystére de l'Incarnation, par lequel le Fils de Dieu se faisant homme comme nous, est devenu nostre frère: Mais ce qui fuit donne toute une autre idée. Ce n'est pas que Théodoret n'ait tasché d'expliquer ces paroles de Jesus-christ, qui auroit suçé les mammelles de la grace, que ce sçavant Interpréte prend icy pour la mére de l'Epouse: & cela lors qu'il a reçu le batesme, pour nous donner simplement l'exemple & pour nous découvrir les mystéres de nostre batesme. Ce qui me paroist trop forcé & ne s'accorde pas bien, ce me semble, avec le verset suivant: outre qu'il n'y a pas d'apparence de donner icy aux mammelles une signification différente de celle que nous leur avons donnée dans tous les endroits de ce Cantique, où il en est parlé. Ainsi demeurant dans l'idée que j'ay marquée en expliquant les derniers versets du Chapitre précédent, dont celuy-cy est une suite, j'aime mieux supposer que l'Epouse parle en la personne des Saints du peuple Juif, soit des Apostres & des premiers Disciples qui estoient originaires de ce peuple, ou mesme en la personne des Patriarches & des Prophétes avant la venue de Jesus Christ. Et dans cette veuë je diray qu'elle souhaite voir le peuple Gentil converti à Jesus-Christ, & écoutant les instructions de son Eglise qui a toujours subsisté dans le peuple Juif. Or tout autant que les Gentils ont reçu la vérité de l'Evangile, ils ont sucé les mammelles de cette Mére commune de tous les justes; & l'on ne peut pas douter que l'Epouse dans la personne de ces grands Saints qui estoient enfans d'Abraham selon la chair & selon l'esprit, n'ait toujours desiré tres-ardemment que Jesus-Christ dans ses membres qu'il devoit retirer des ténébres de la Gentilité pour les réunir à son Corps mystique, suçast les mammelles, c'est-à-dire reçust les instructions de l'Eglise. Et parce qu'elle parle en la personne de l'Eglise; elle ne dit pas, mes mammelles, mais, les mammelles de ma mére, chacun de ces Saints reconnoissant pour sa mére, l'Eglise qui est la Jérusalem d'en-haut. Nous avons déja remarqué une semblable maniére de s'expliquer en d'autres endroits de ce Cantique.*"[112]

"*Derniere scène qui représente toutes les précédentes, & qui fait la conclusion de cette Pastorale & de ce divin Epthalame.*
L'EGLISE.
V. I. O Verbe éternel, qui êtes dans le sein de votre Pere, qui me donnera cette consolation de vous voir fait homme pour l'amour de moi, devenu participant de ma nature, en sorte que vous soyez apellé véritablement mon frere, fuçant les mammelles de ma mere! Que je vous trouve dehors, sorti du sein de votre Pere, & fur celui de Marie votre Mere! Que je vous voie & vous posséde à découvert dans votre Sainte Humanité! Que je puisse vous donner un baiser! Que personne.ne me

---

[112] *Explication du Cantique des cantiques: tirée des Saints Pères et des auteurs ecclésiastiques*, Par D.M.B.S., Paris, Chez Guillaume Desprez, 1689, pp. 240-243.

méprise plus, comme on fesoit la Synagogue ma Mere, assujétie aux observances Légales, n'ayant que des ombres & des figures & non pas la Vérité; chargée encore de l'oprobre de la stérilité."[113]

"L'original porte, que n'étes vous comme mon Frere; le mot, "ceac", fignifie, "ut fratrem", l'Epouse, selon l'explication judicieufe d'un Interprete, ne voudroit pas que celuy qu'elle fouhaite fût fon frere, cela l'empefcheroit de l'Efpoufer; mais comme fon Frere; c'eft à dire, qu'on le crût tel, encore qu'il ne le Fût pas, afin que ceux qui par hazard pourroient eftre témoins de fes tranfports, ne peuffent pas mal juger d'elle, ny la méprifer comme une fille fans retenuë.
Selon l'ufage ancien les Confins Germains, & les Coufines Germaines, s'appelloient Freres & Sœurs, non feulement chez les Hebreux, mais encore chez les Grecs & chez les 'Romains.
Il eft à remarquer, que les perfonnes prevenuës de quelque grande paffion, parlent fouvent en elles-mefmes, & quelque fois tout haut, quoique pas un ne les écoute, elles adreffent leurs difcours aux abfents; d'autres fois elles interrogent les affiftans, puis, tout à coup, fans attendre leurs reponfes, parce qu'une autre penfée les emporte, elles s'en vont d'un autre cofté.
En voicy l'exemple: .Que n'eftes-vous mon Frere, ou comme mon Frere? afin que je vous puiffe careffer fans honte: aprés ce vœu & ce fouhait, fans écouter de repartie, elle fait cette reflexion en elle-mefme tranfportée de fa paffion, Sa main gauche feroit fous ma tefte, & il m'embrafferoit de fa droite, l'Epoufe ainfi partagée entre la pudeur de fon fexe, & les fentimens de fon amour, quoique legitime, comme fi elle en avait trop avoüé, fe retire brufquement, puis fe voyant hors de toute apprehenfion d'eftre entenduë elle remet abfolument fon Ame à l'efpoir de fon mariage, qu'elle anticipe par fes penfées & par fes defirs.
Ce n'eft pas, qu'on ne puiffe dire auffi; qu'elle demandoit du fecours a fon Frere, lorfqu'elle dit, Laeva ejus fub capite me, &c. & on ne trouveroit point mauvais qu'un Frere rendit ce bon office fa Sœur.
Qui me donnera mon Frere, dit l'Epoufe Sacrée, fucçant les mammelles de ma Mere? Qui vous le donnera, fainte Amante de Jessus? ce fera celuy-là mefme qui pour recompenfer voftre amour fe donne luy-mefme à vous, attiré par la priere d'un cœur humble & pur.
Ce fera la perfeverance dans le bien qui vous donnera ce cher frere & ce divin Amant, puifque la couronne ne doit eftre donnée qu'à celuy qui aura fidèlement combattu jufqu'à la mort.
Il faut dit Saint Cyprien, que nous perfeverions toûjours a marcher dans le chemin étroit de la gloire. Nous fommes encore dans le fiecle, nous fommes encore fous les armes & .nous combattons tous les jours pour la deffenfe de noftre vie fpirituelle, & pour meriter la poffeffon d'un Royaume éternel, il faut travailler à mettre un jour la derniere main à ce grand ouvrage qui n'eft qu'ébauché.
C'eft peu d'avoir acquis quelque chofe, fi l'on ne conferve ce qu'on a acquis; comme ce n'eft pas la foy & la regeneration receuë, mais confervé, qui donne la vie à l'Ame: car selon les paroles du Sauveur, Quiconque regarde derriere foy aprés avoir mis la main à la charruë, n'eft point propre pour le Royaume de Dieu."[114]

---

[113] *Explication du Cantique des cantiques, de la prophétie de Joel, &c., par mm. les abés Duguet & d'Asfeld*, Paris, Chez Babuty, 1754, p. 98.
[114] *Le Cantique des Cantiques traduit en François: avec une explication du sens et spirituel. Tiré des Saints Peres, & de auteurs ecclesiastiques. Divise' en deux parties*, Lyon, Chez Benoist Bailli, 1689, pp. 297-300.

"*V. I. L'EPOUSE.*
Qui vous donnera à moy, mon frere, fuçant les mammelles de ma mere? que je vous trouve dehors, & que je vous donne un baiser, & qu'à l'avenir personne ne me méprise.
EXPLICATION.
Quand pour combler mes vœux viendra cet heureux jour,
Où fera pleinement satisfait mon amour, Et quand pourrai-je enfin vous posséder, mon frère,
Qui goûtez tous les biens au sein de vôtre Père.
C'est lorsque je verray la sainte Humanité
De mon Fils dans l'éclat de fa divinité;
Ce fera dans le Ciel que je pourray moy-même,
Jouir à découvert de fa beauté suprême,
Heureuse en cet état dans ce charmant Palais,
Où régneront toujours & la gloire & la paix."[115]

8. Conclusion

Le tableau de Piero della Francesca reproduit une iconographie, à son tour basée sur une pratique rituelle, diffusée au bas Moyen Âge, non seulement en Italie, mais en France et dans les mondes orthodoxe et musulman[116].

L'usage de l'oeuf d'autruche comme lampe, que l'on retrouve clairement dans la à peine postérieure *Conversation Sacrée* de Bellini, renvoie à la structure du discours théologique de la rédemption, dont rend compte le mythe autour de l'autruche, qui oublie ses oeufs, mais, réveillée par l'"*étoile lumineuse (symbole de celle de Mages)*", elle revient dans la rectitude du droit chemin. C'est, selon les théologiens, ce processus que nous propose et présente la naissance du Christ, comme l'exprime longuement le sermon du Père Bourée, en même temps que la couleur rouge associée souvent à l'oeuf d'autruche annonce la Nouvelle Alliance et la rédemption, les deux étant, au fond, étroitement liées ("«*Les œufs de*

---

[115]*Explication en vers du cantique des cantiques de Salomon, à l'honneur de la Très Sainte Vierge Marie, Mère de Dieu, l'épouse de ce sacré cantique*, Paris, Chez la Veuve de Raymond Mazieres, 1717, p. 128.
[116]Outre les citations antérieures, voir Bock, fig. 9: "*Choir of the Monastery of St. Antony at the Red Sea with three mounted ostrich eggs*" et fig. 10: "*The Prophet Muhammad and Ali in a mosque, decorated with mosque lamps and decorated hanging ornaments (ostrich eggs); Siyer-i Nebi, cira 1595; Istanbul, Topkapi Saryi Müzesi Library (inv. no. H 1223, fol. 62a)*", pp. 18-19.

Pâques avaient donc pour but de rappeler à ceux auxquels ils étaient offerts, que comme Marc-Aurèle, ils étaient appelés à régner, et que dès lors ils devaient s'y préparer.».../... ainsi le Christ, par son propre sang, brisa la pierre du tombeau").

La configuration du tableau, par les Saints - qui, tous, renvoient au Christ comme figure centrale, dans sa Passion (vécue par Saint Jean l'Évangéliste, imitée par Saint François), fondatrice de son Église (Saint Pierre, Saint Jérôme), comme dans son Annonciation (Saint Jean l'Évangéliste, Saint Bernardin de Sienne) - qu'elle présente, dénonce cette structure immanente de la représentation de la Vierge à l'enfant, l'une comme contenant du divin enfant (ce qu'indique la coquille gigantesque, conformément à l'interprétation de Marinesco Constantin [1958]), l'autre, celui-ci, comme futur Sauveur de l'humanité. Il n'est, ainsi, nullement indifférent que le petit enfant porte au cou une croix rouge.

Les interprétations les plus proches de la résolution du problème de l'oeuvre de Piero della Francesca, comme celle de Bock, qui part de Durantis comme source littéraire unique, manque doublement le but, d'abord parce qu'elles n'envisagent pas vraiment (bien que Bock le fasse d'un point de vue iconographique) l'existence d'un *corpus* réel, ensuite parce que, suivant, pour cela même sans doute, la ligne évidente d'une référence hors de son contexte, elles abordent la question depuis la perspective de l'autruche comme animal oublieux, perdant de vue que la récurrence du motif, aussi bien dans le rituel que dans l'iconographie, en particulier sainte, et, encore plus, de la *Vierge à l'enfant*, ne permettrait pas (c'est, encore une fois, la question du modèle panofskien des raisons littéraires et idéologiques de l'identification entre Judith ou Salomé, encore, incompréhensiblement, méconnu à notre époque, presque un siècle après avoir été parfaitement clairement exposé par le Maître) l'association d'un symbole négatif avec la plus grande et sainte représentation de la théologie chrétienne (catholique). Cela implique, par la voie de ces deux déviations, dans les rares exemples de proximité réelles, au-delà des habituelles interprétations totalement ahistoriques, qui ne coûtent rien, bien sûr, de l'oeuvre comme métaphore mathématique et perspective ("*l'oeuf* (supposément) *sans ombre*"[117]), ou alchimique, ou n'importe quoi d'autre, à vrai dire, que les interprétations, comme les deux parallèles, qui, par une asymétrie infime en un point en arrivent finalement à se séparer démesurement (pour utiliser, à notre tour, une représentation géométrique) de la réalité de l'oeuvre, donc de son sens, en l'inversant (comme nous l'avons vu souvent, à propos de nos travaux antérieurs sur Adolph Loos, Malevitch, Münch, *La Dame à la Licorne*, Géricault, etc., voire sur des symboles sociaux comme le rire ou l'inceste).

Ainsi, lorsque Bock, se contentant de l'explication du caractère oublieux de l'autruche, en déduit un sens négatif d'un *corpus*, cependant, de toute évidence hagiographique par excellence, il manque un pas méthodologique et théorique d'analyse irremplaçable.

Notre apport en ce sens, outre d'avoir démontré, comme nous venons de le dire, contre l'ensemble des auteurs antérieurs, que l'oeuvre de Piero della Francesca, avec son motif de l'oeuf pendu, s'intègrent à un ample et bien établi *corpus*, rituel et iconographique, et que son sens théologique n'en est pas moins abondamment transcrit et reproduit par les auteurs et la pensée de l'époque: il s'agit, simplement, si l'on peut, de la question de la Nouvelle Alliance en puissance, par deux voies: la naissance, préfiguration de la Passion (Noël-Pâques, et l'oeuf rouge des Chrétiens médiévaux, ou roux des Celtes); et la Vierge comme (depuis l'*Hymne Akhathiste*) contenant de la divinité de Jésus. De là à la fois la figure de l'oeuf, certes originellement du monde, nous en informe la mythologie comparée, mais dans le cadre réduit de la théologie chrétienne, celui de la Vierge, inviolée (la perle dans la coquille évoquée par Constantin, se doublant ici le symbole de contention par la coquille

---

[117] http://www.solidariteetprogres.org/documents-de-fond-7/culture/article/l-oeuf-sans-ombre-de-piero-della-francesca.html

vénusienne et l'oeuf pendu ["*que l'autruche pendait un œuf où le petit serait resté éternellement emprisonné, si la mère n'était venue en briser la coquille avec du sang délayé dans du miel*"] - éléments, nous l'avons vu, aussi bien au travers de Constantin que par nos propres citations, que l'on retrouve dans le monde orthodoxe -), et la présence de la Croix rouge (qui reprend donc l'association de la couleur commune originelle des oeufs de Pâques) au cou de l'enfant Jésus.

Comme le disent les textes, et le confirment les livres d'emblèmes, et *Le Bestiaire du Christ*:

"*6. Une Autruche qui couve ſes oeufs en ſouflant deſſus, & les regardant. Diverſâ virtute valet. Sa vertu ne reſſemble point à celle des autres.*
7. Une Autruche qui avale un fer à Cheval. Virtus duriſſima coquit. La vertu digere ce qui eſt le plus fâcheux."[118]

"*Autruche eſtendant ſes aiſſes & belles plumes, faict une grande montre de voler: ce neantmoins ne s'enleve point de terre. Et en ce, fait comme les hypocrites, leſquels par externe aparence, repreſentent grande sainteté, & religion: puis c'eſt tout, & n'y a que la montre: car en dedans, tout eſt au contraire.*
L'Autruche ſelon Ioue peut ſervir à d'autres Viſes, & interpretations: car ſi le vol en eſt tardif le marcher en eſt plus prompt, & ſi ſes oeufs ſont couvés avec les yeux."[119]

"*Mais lorsque l'heure est venue pour les poussins de naître à l'air libre du désert, l'autruche prévenue par son étoile, revient à ses oeufs, les couve seulement d'un ardent regard, et, par ce moyen, les appelle à la vie...*"[120]

"*Marc Antoine Colone se servit encor d'vn ſoleil, vers lequel prend son vol le heron dit Ardea ſurpaſſant les nues, Natura diolante feror. Ferrand F. d'Avalo Marquis de Peſcayre vn ſoleil aſſiſté de la planette de Venus. Hac monſtrante viam.*
De l'Autruche on en recire trois l'vne auec ce mot Duriſſima coquit. Dure digestion que le fer. Vne autre. Curſu Praeteruehor omneis. Car cet oyſeau qui est fort lent au vol, est fort agile à la course:

---

[118]Nicolas Verrien, *Recueil d'emblèmes, devises, médailles et figures hiéroglyphiques au nombre de plus de douze cent avec leurs explications*, Paris, Chez Claude Jombert, 1724, p. 20. Identiques emblèmes chez Daniel de La Feuille, *Devises et emblemes anciennes et modernes tirées de divers des plus célèbres auteurs, avec plusieurs autres nouvellement inventées et mises en latin, en français, ...*, Amsterdam, sans nom d'éditeur, 1693, p. 41.
[119]Claude Paradin, *Devises héroïques et emblèmes*, Paris, Chez Jean Millot, 1611, pp. 56-57.
[120]Louis Charbonneau-Lassay, *Le bestiaire du Christ: la mystérieuse emblématique de Jésus-Christ: 1157 figures gravées sur bois par l'auteur*, Paris, Archè, 1940, p. 474.

& la tierce devife, vn Pair d'Autruches couvant des yeux leurs propres œufs, Diverfa virtute valemus."[121]

Or:

"*Parmi les antiques déterrés dans la cathédrale de Paris, qu'on soupçonne d'avoir été construite sur les débris d'un temple d'Isis, il se trouve deux figures qui paroissent appartenir à la mythologie Phénicienne. L'une est celle d'un homme tenant un sceptre d'une main, & s'appuyant de l'autre sur la tête d'un cheval, animal honoré dans Tyr & dans Carthage, & qu'elles déployoient fur leurs drapeaux.*
L'autre est celle d'un dieu arme de la foudre, avec une autruche, emblême du Soleil."[122]

L'autruche oublieuse revient dans l'"*intention droite*" selon le terme commun de la théologie chrétienne[123] par l'étoile des Rois Mages, faisant rentrer, historiquement, le croyant dans le pardon divin, comme le postérieur voyage à l'Hadès, dont il brisera les portes (selon l'iconographie byzantine et les *Évangiles apocryphes* qui nous en rapportent le récit) du héros divin.

L'oeuvre n'offre donc pas une image de l'infidélité, mais de la Rédemption, ce que confirme bien la présence d'oeufs pendants sur des oeuvres funéraires à caractère religieux, comme le, déjà cité, oeuf d'autruche avec armature en vermeil contenant des reliques des saintes Prisque et Walburge du XIVème siècle[124], la fresque au-dessus de la tombe d'Antonio dei Fissiraga à San Francesco in Lodi (après 1327), ou le

---

[121] Adrian d' Amboise, *Discours ou traité des devises*, Paris, Chez Rolet-Boutonné, 1620, p. 100.
[122] Pierre Laureau, Jean-Jacques Garnier, Paul François Velly, *Histoire de France avant Clovis*, Paris, Chez Nyon l'aîné, & fils, 1789, T. I, pp. 137-138.
[123] http://gilbert.col.free.fr/document.php?id=48
[124] Bock et Willemsen, p. 194.

reliquaire[125] repoussé en argent réalisé par Francesco di Antonio da Sesto de l'Église Saint Simon le Majeur de Zadar en Croatie (1377-1380)[126].

"La planche VI présente deux monuments d'usage pareillement funéraire, mais de forme variée et de matière différente, l'un et l'autre très rares, sinon uniques, chacun dans leur genre. L'un, n° 1, est une statue en pierre calcaire tendre, représentant une femme, avec une physionomie individuelle et un costume local, qui appartiennent certainement à la haute antiquité étrusque, et qui indiquent, dans la manière dont ils sont traités, un art tout à fait primitif. L'autre, n° 2, est une demi-figure, un bronze, vide à l'intérieur, de manière à avoir pu servir d'urne cinéraire. Le métal, réduit en lame assez mince, est travaillé au marteau; ce qui est un procédé connu, par l'histoire de l'art, comme ayant précédé l'invention de la fonte, et indiquant, d'accord avec le style, une œuvre primitive de la statuaire étrusque. Le buste est celui d'une femme nue, particularité extrêmement rare, avec des traits tout à fait individuels, qui indiquent l'intention d'exprimer un portrait, avec les cheveux divisés en longues tresses, traitées de cette manière uniforme et minutieuse qui caractérise les productions d'un art primitif, et avec un riche collier, de la forme proprement étrusque, que nous connaissons maintenant par tant de monuments. Ce buste pose sur une sorte de support, qui constitue en lui-même un monument tout à fait particulier, ou même unique en son espèce. Il consiste en trois parties: l'une, pareille, pour la forme et la place, au col d'un vase, ornée d'un simple méandre; l'autre, qui a la forme d'une calotte hémisphérique, décorée, sur deux bandes superposées, de figures symboliques; et la troisième, qui est une plinthe carrée, ornée, sur ses quatre faces, d'animaux divers, d'ordre symbolique. Ceux qui figurent dans la bande supérieure de l'hémisphéroïde sont des sphinx, des lions, des griffons, toutes figures empruntées à la symbolique orientale. La représentation sculptée dans la zone inférieure est plus curieuse encore et tout aussi significative. Elle se compose de deux biges, dont chacun porte un personnage debout vêtu, qui pouvait être l'image du mort, εἴδωλον, conduit par un génie funèbre; et, entre ces deux biges, dont on ne peut méconnaître ici, non plus que sur le vase peint de la pl. IV, n° 1, l'intention funéraire, est placé un sphinx femelle, qui est aussi une image symbolique, d'usage sépulcral, attesté par tant de monuments. Tout se réunit donc pour faire de cette espèce de canope en bronze, d'une forme si particulière, exécuté par le procédé du sphyré laton, un des monuments les plus singuliers de l'archéologie étrusque.

---

[125]"*On voyait souvent rangés autour des grandes châsses des reliques de moindre importance et un grand nombre d'objets sanctifiés. Une liste complète des trésors qui entouraient le monument de Durham, dressée en 1383, a été retrouvée et publiée récemment. Au nombre de ces raretés figurent des « œufs de griffon ». Les œufs de griffon, qui ne sont en réalité que des œufs d'autruche, étaient fréquemment employés au moyen âge comme reliquaires, et suspendus en cette qualité autour des châsses. Rapportés en Europe par les croisés, ces objets y conservèrent le caractère mystérieux que leur attribuaient les chrétiens d'Orient. On voit encore des œufs d'autruche dans certaines églises grecques. Il semble que l'Eglise d'Orient les eût adoptés comme un symbole de la sollicitude du Créateur envers la nature, conformément à cette étrange, mais poétique fable, d'après laquelle l'autruche fait éclore ses œufs en les regardant avec amour.*" ("*Les sanctuaires de l'Angleterre*", Revue Britannique ou choix d'articles traduits des meilleurs écrits périodiques da la Grande-Bretagne, Paris, 1872, T. X, pp. 322-323)

[126]Reproduits dans Bock, respectivement, Fig. 2 p. 5 et Fig. 3 p. 7.

Les objets représentés sur la planche suivante, tous aussi appartenant à ce même tombeau de Vulci, ne sont ni moins rares ni moins curieux que ceux dont il vient d'être rendu compte, comme preuves de ces influences orientales, toujours de plus en plus sensibles, à mesure que les monuments se rapprochent davantage de l'origine de la civilisation étrusque. Ces objets sont, en premier lieu, six grands œufs d'autruche, devenus, par les dessins qui y avaient été coloriés ou sculptés, des monuments d'art et de religion à la fois, qui ne s'étaient point encore rencontrés dans les tombeaux étrusques. L'un de ces œufs présente une suite d'animaux chimériques ailés, gravés au trait et coloriés en rouge et en bleu sur le fond blanc de la coquille; et le goût du dessin, aussi bien que la forme des animaux et l'emploi des couleurs symboliques, fait de cet œuf d'autruche, ainsi décoré, un objet d'antiquité asiatique incontestable et encore unique. Un autre de ces œufs est sculpté de très bas relief, et la représentation placée sur la partie la plus renflée de la coquille entre deux roues d'ornement d'un goût tout à fait oriental, se compose pareillement de groupes d'animaux ailés, griffons et autres, en attitude de se combattre, qui expriment certainement ici, comme ailleurs, cette lutte des deux principes, sujet inépuisable des compositions de l'art asiatique. Un troisième, sculpté aussi de très-bas relief, avec une extrême délicatesse, offre une composition bien plus remarquable encore: c'est, à ce qu'il semble, le départ pour la guerre d'un chef paissant, représenté dans l'attitude de monter sur un char attelé de deux chevaux et guidé par un écuyer; deux guerriers à cheval précèdent ce char, qui est suivi d'un second bige, après lequel viennent encore deux cavaliers accompagnés d'un chien de chasse. Un arbuste, qui ressemble par sa forme à l'arbre mystique du Hom, représenté par tant de cylindres babyloniens, est sculpté dans le champ où se voient aussi, en haut et en bas, des rangs de petites pyramides, telles que celles qui figurent sur quelques autres monuments de la haute antiquité étrusque"; et, à de pareils traits, tous fournis ordinairement par l'archéologie asiatique, il est impossible de méconnaître un des emprunts faits à ce système d'art et de croyances par la civilisation étrusque. Ces œufs mêmes d'autruche, oiseau propre à l'Éthiopie, étaient certainement un objet d'un luxe étranger en Etrurie, qui ne pouvait y être apporté que par le commerce de l'Orient, et qui ne pouvait y être aussi qu'à la portée des riches. Les œufs déposés dans le tombeau de Vulci étaient percés, à leur extrémité supérieure, d'une ouverture qui avait un diamètre d'un demi pouce, et de trois petits trous, où passaient des cordons destinés à les suspendre. C'est encore ainsi que, dans l'Orient moderne, les œufs d'autruche sont employés à la décoration des mosquées musulmanes; mais ce n'était pas comme un simple objet de décoration, ni même en guise de vase, comme on se servait aussi, dans l'antiquité, des œufs d'autruche, au témoignage de Pline (X, 1), et comme on s'en sert encore aujourd'hui dans le Levant, ce n'était pas, dis je, à ce double titre que ces œufs avaient été placés dans le tombeau de Vulci; c'était certainement par un motif religieux. Nous savons, en effet, que l'œuf d'autruche était un objet mystique pour les Égyptiens; et, dans la croyance des Parses, c'était de deux œufs d'autruche qu'étaient sortis les bons génies, créateurs d'Oromaze, et les mauvais, créateurs d'Ahriman". De là, la présence si fréquente de l'autruche sur les cylindres babyloniens, certainement avec une intention symbolique. Or, que les mêmes idées eussent pénétré chez les Étrusques, sans doute à l'époque de leur plus ancienne communication avec l'Asie, c'est ce qui résulte du fait même de ces six œufs d'autruche, ornés de travaux d'art délicats et dispendieux, déposés dans ce tombeau de Vulci, et de cette autre circonstance, signalée plusieurs fois déjà dans les mêmes sépultures étrusques, qu'à défaut de l'œuf même d'autruche, que les riches seuls pouvaient se procurer, les *pauvres gens fabriquaient des œufs tout pareils, pour la forme et pour la dimension, en terre cuite, vides à l'intérieur, qui remplissaient le même objet dans ce système de contre-façon, appliqué au mobilier de la tombe, dont j'ai exposé ailleurs les preuves nombreuses et fait connaître les principales applications."*[127]

La Conversation Sacrée de Piero della Francesca contient, en outre, en elle, par reproduction d'un *corpus* bien établi, iconographique, basé sur une pratique rituelle également abondamment documentée, les deux valeurs de condensation et contention[128] d'une part, et typologique d'annonce de la bonne nouvelle par la référence, en ce sens de condensation et contention (c'est-à-dire, au sens étymologique, apocalyptique [de Révélation[129]]), dès la Nativité de la Pâque, d'autre part.

---

[127]*Journal des Savants*, Octobre 1844, pp. 633-635. Phénomène d'utilisation funéraire de l'oeuf d'autruche attesté dès l'époque protohistorique: "*A mesure que l'on avance dans le temps, l'œuf d'autruche perd son rôle utilitaire au profit de fonctions funéraires. Durant l'époque protohistorique, l'emploi des œufs d'autruche n'est attesté que dans quelques tumulus ou bazinas. Son usage est plus répandu dans les tombes puniques.
Si l'usage des rondelles se raréfie dans les temps puniques – on ne les trouve plus que dans quelques tombes d'enfants – les Carthaginois transformaient les œufs en coupes ou en récipients. La tradition nord-africaine de l'ornementation des coquilles entières se retrouve durant la période punique. Mais les rebords des œufs, généralement coupés au trois quarts de leur hauteur et souvent agrémentés de dentelures, interdisent de leur attribuer un usage domestique. Ce sont des objets destinés à accompagner le défunt dans sa sépulture. Les découvertes archéologiques confirment les assertions de Pline (X, 2) sur la peinture et la gravure de ces coquilles. A Gouraya en Algérie, en Espagne à Villaricos, à Ibiça dans les Baléares et à Vulci en Etrurie, on retrouve les mêmes documents. Certains œufs puniques sont ornés de dessins gravés à la pointe ou au ciseau: rosaces, rubans, lignes ondulées, chevrons, palmettes, motifs végétaux stylisés, damiers s'assortissent quelquefois de figurations humaines (Gouraya), et même animales (représentation d'autruche en particulier à Gouraya). L'utilisation de la coquille d'œuf d'autruche est aussi connue dans certaines tombes sumériennes de Mari, en Mésopotamie.
Plus tard, l'œuf d'autruche fut suspendu dans les mosquées ou les marabouts. Ce caractère à la fois propitiatoire et magique de l'œuf d'autruche se retrouve dans certaines pratiques observées chez les Peuls où le dernier œuf d'une couvée sert à confectionner des charmes destinés à conserver dans la famille la force, la fortune et la gloire.
Ainsi, l'œuf d'autruche dont les usages sont multiples durant les temps préhistoriques, devient au cours des temps historiques un objet essentiellement cultuel ; son usage utilitaire disparaît complètement.*" (H. Camps-Fabrer, "Coquille d'œuf d'autruche", Encyclopédie Berbère, 14: "Conseil - Danse", Aix-en-Provence, Edisud, 1994, pp. 2093-2100)
[128]En ce sens, il nous semble que Paul Klee utilise le même principe, cf. son dessin "Canon de la totalité de la couleur" extrait de *Paul Klee, La Pensée créatrice. Écrits sur l'art I*, textes recueillis et annotés par Spiller Jürg, trad. de Girard Sylvie, Paris, Dessain et Tolra, 1973, p. 488, reproduit Fig. 4 de Claude Frontisi, "*Paul Klee mythographe*", Art et mythe, Nanterre, Presses universitaires de Paris Ouest, pp. 13-29, dans sa question du "*point gris*", pour plus de précisions sur le sujet, voir notre ouvrage *Autour du "point gris" de Paul Klee*, 2015.
[129]"*Emprunté au latin apocalypsis («révélation»), lui même emprunté au grec ancien ἀποκάλυψις, apokálupsis («action de découvrir»). Provenant du verbe grec καλύπτω, kalúptó («cacher»), précédé du préfixe de privation ἀπό apó. Littéralement donc «[chose] dé-cachée», et donc par extension, «[chose] dévoilée aux hommes», «retrait du voile qui cachait la chose», «le voile est levé».* " (http://fr.wiktionary.org/wiki/apocalypse, citant Anatole Bailly, *Dictionnaire Grec-Français*, Paris, Hachette, 1901, p. 226, http://www.tabularium.be/bailly/)

9. Supplément

Nous retrouvons, et confirmons, l'ensemble de notre analyse du tableau de Piero della Francesca, dans une comparaison, à notre connaissance originellement mise en place par Liana De Girolami Cheney (2015)[130]:

"Many mythical legends associate the coral with female and male divinities such as Athena, Medusa, Mercury, and Saturn. Alchemical and medical traditions connect the coral's red coloration and chemical substance with blood and healing Mercurial powers. When considered as an apotropaic talisman, in pagan times, the coral is associated with Athena's endowed power to prevent evil, while in Christian times, children wore coral as a protective amulet against the evil eye. Italian Renaissance religious paintings depict the Christ Child wearing, holding, or being surrounded by coral decorations for protection against the Devil, as depicted in the sacra conversazione of Piero della Francesca's Madonna of Federico Montefeltro of 1472, at the Pinacoteca di Brera in Milan (Fig. 20), and in Andrea Mantegna's Madonna of Victory of 1496, at the Louvre Museum in Paris (Fig. 21). In the painting, not only is the altarpiece decorated with garlands of coral but also a magnificent large, inverted clustered coral-tree hangs above the Christ Child as protective talisman. The symbolism of the protection against the evil eye is also depicted in previously discussed cassettone in the ceiling, with a head of a Medusa and with a Latin's motto, Malio lunima, alluding to the casting of the evil eye (Fig. 9).

In addition to the coral's abyssal or axis mundi connotation, a visceral significance is added in considering the substance and chemical properties of the coral. The red color of the coral relates to the color red in human and animal blood. According to ancient legend, coral grew out of the drops of blood from the Medusa's severed head. The Greek origin of coral is also recounted in Ovid's Metamorphose episodes 4.663, and 5.249. The coral's symbolism is linked to Perseus's liberation of enchained Andromeda. With the head of Medusa, Perseus petrifies the guardian dragon and frees Andromeda. As Perseus washes his hands in the sea, he places the Medusa's head on a bed of leaves and seaweed. Blood from her head pours out onto the seaweed, transforming its green color into red. The seaweed hardens at the contact of the blood and magically turns into corals. Giorgio Vasari's Perseus Freeing Andromeda of 1570, in the treasury of Francesco I de' Medici at the Palazzo Vecchio in Florence, best depicts this Ovidean legend. In the painting, one sees the delight of the sea-nymphs, who keep playing with the seaweed now transformed into coral, touching the twigs, breaking them off, and inspecting their form and color (Fig. 22).

In analyzing the grotteschi (my suggested visual epigram) in the background of this cassettone, interesting parallels can be associated with the center image (pictura) of the coral-tree. In the corner of this composition, there are depictions of scalloped shells with pearls. The pearl is an aquatic animal, as is the coral. Both contain a chemical substance composed of calcium carbonate from the sea, both are created by living animal's reproduction and discarded as an irritant substance, both are considered as fruitful gifts from the sea, and both are gems coveted for their beauty and rarity."

---

[130] Liana De Girolami Cheney, "*Bernardino Poccetti's ceiling of the Loggia in Palazzo Marzichi-Lenzi: an iconological study*", Figura: Studi sull'Immagine nella Tradizione Classica, No 3, 2015, pp. 152-154.

Toutefois, la présence du corail au-dessus de la tête de la Vierge dans *La Vierge de la Victoire* (1496), qui n'est autre qu'une *Sacra Conversazione*,[131] par Andrea Mantegna, conservée au Louvre, "*Ex-voto commandé par François II Gonzague pour la chapelle Santa Maria della Vittoria à Mantoue en commémoration de la bataille de Fornoue (1495)... Le corail, que l'on considérait alors comme un symbole de la Vierge, pourrait ici faire allusion à l'intercession de celle-ci dans la bataille*"[132], n'a, selon nous, de sens que si on le rapporte à l'image du Péché des Protoplastes, autour de l'Arbre de la Connaissance, dont le branchage, qui semble prendre naissance depuis le corps enroulé du serpent autour du tronc, crée un écho symétrique aux arabesques du corail, dont la couleur rouge nous renvoie à l'iconographie christique de la Passion, comme en cela la page de titre de *History of the World* par Sir Walter Raleigh (Londres, Walter Burre, 1614)[133], où *Magistra Vita* a les pieds sur *Mors* et *Oblivio*, à l'instar de la Fortune sur le compas divin dans la gravure intitulée: "*Surgi Fortun*" ("*Instable Fortune*") de Philips Galle (Hollande, 1574), d'après un dessin de Melchior Lorck, contenant l'inscription: "*Sit vaga et instabilis guia tum? Tu Mentis amussi, Et Rationis eam finge tuo*

---

[131] https://fr.wikipedia.org/wiki/La_Vierge_de_la_Victoire

[132] http://cartelfr.louvre.fr/cartelfr/visite?srv=car_not&idNotice=13654

[133] https://www.pinterest.com/pin/518265869591240692/ et https://quadriformisratio.wordpress.com/page/2/:
"*Fig. 74 – Title page of Sir Walter Raleigh, History of the World, London, Printed for Walter Burre, 1614. From the George McArthur Bequest, 1903. (Special Collections, Baillieu Library)*
The fusion between the Christian myth of the paradise, as a time and place of perfect happiness, and the pagan Golden Age was made even stronger in the beginning of the eighteenth century. A nostalgic quest for the lost world of happiness started in intellectual circles. The French churchman and scholar Pierre Daniel Huet (1630 – 1721) was – with his book 'Traité de la situation de paradis terrestre' (Amsterdam, 1701) – seen as an authority on the geography of the paradise. Olof Celsius the Elder (1670 – 1756) got his Ph. D. at the university of Uppsala in 1714 on the subject of 'De Situ Paradisi Terrestris' en Lars Arrhenius studied in 1731, at the same university, the four monarchies. A comparison with Biblical periods was carried out (FRÄNGSMYR, 1983).
The myth of the four monarchies is today only of historical value. The four-fold division of past political entities in relation to the general understanding of present governments has never been an issue. There is, on the contrary, a sense of individuality, generated by 'scientific revolutions' (KUHN, 1962/1970; COHEN, 1994). Progress is not a historic necessity, but an act of personal and/or collective achievement.
The word 'revolution' is associated with dualism, of 'before' and 'after'. Revolution is a forced change in order to create a new reality. Our present cultural sense of uniqueness, born in 'scientific revolutions', is related to a linear mind. The absence of an apparent historical precedence points to lower division thinking. A realization of our position in time and place might be the first step to widen our consciousness of a cyclic approach in higher division thinking."

arbitrio." (British Library 1983.0127.13)[134], et la Fortune, avec en main un cadran solaire (en référence à son rôle universel), et les pieds sur le crâne, évidemment d'Adam (comme la Croix des *Crucifixions*), dans la *Vanitas (Memento Mori)* du Maître M.Z. (1502-1503)[135], de similaire sens d'ailleurs à la mosaïque de table pompéïenne (30-14 av. J.-C., Musée national archéologique, Naples)[136], provenant d'un triclinium de jardin, qui était exposée dans la Maison du Collège des Architectes, dite Maison des Maçons:

"*Le thème est d'origine héllénistique. Le crâne est suspendu par un fil à plomb à une équerre, l'instrument antique des maçons, qui ferme la composition comme le ferait le fronton d'un temple. Le mosaïste n'avait probablement jamais vu de crâne humain puisqu'il le représente avec des oreilles et une bouche souriante bien curieuse.*
Sous ce crâne, la roue de la Fortune tourne éternellement après le passage de Némésis, tandis que l'âme - le papillon - s'envole et quitte le corps. Némésis, déesse grecque de la vengeance, fille de la Nuit, représente la justice distributive et le rythme du destin. C'est elle qui châtie les Mortels qui vivent dans un excès de bonheur. Elle est évoquée ici par la Roue de la Fortune qui figure le plus souvent à ses pieds."[137]

Or, encore une fois, ce sont les textes d'époque qui nous offrent et confirment le sens du corail, qui remplace, dans notre *corpus*, chez Mantegna, l'oeuf dans les autres représentations.

Nous le démontrent les Chants Deuxième et Troisième de la *Passion del Hombre-Dios* du Maestro Ivan Davila (publié à Lyon, 1661):

"*No lo temiò affi al arrojo*
Iudaico en fu defpejo,
Que perdiò en el mas bermejo
Los miedos a vn rio rojo:
Y refponden con enojo
De ingratos, y de homicidas,
Que caygan fobre fus vidas,

---

[134] https://es.pinterest.com/pin/460000549423189668/ et
http://tantoshombrestantassentencias.blogspot.com.ar/2013/09/fortuna.html
[135] https://www.pinterest.com/pin/518265869590493491/ et http://www.lib-art.com/artgallery/13491-vanitas-memento-mori-master-m-z.html
[136] http://artifexinopere.com/wp-content/uploads/2015/08/Memento_mori_MAN_Napoli_Inv109982.jpg
[137] http://www.convivialiteenflandre.org/index.php?option=com_content&view=article&id=259:2e-citation-latine-2009-cr-vinci-hals&catid=38:citation-et-uvre-dart

Y fobre las de fus hijos
Los raudales, que prolixos
Le defangraren a heridas:

Fue a cafo que no temia
Que inunde, y que no aproueche,
Porque hà de fer mar en leche,
Pues leche fuè de Maria:
Maldicion no feria,
(yà que a bendicion no quadre)
Pues no teme al hijo el padre,
Que le aneque, y no le valga,
Pues, quando de madre falga
El rio, fale de Madre.

Mas, como a Egipcio, y a Hebreo
El mar de rojos criftales
Arbitro en bienes y males
Fue defaftre, y fue tropheo,
Quando de aguas maufoleo
De vnos era, y leuadizo
De ondas era paffadizo
De otros la agua fufpendido
De dar muerte, y guardar vida
Como vn Sacramento fe hizo.

Affi los rojos corrientes
En mucho coral deshecho
Vn mar bermejo fe han hecho
Con efectos diferentes:
Fue de los impenitentes
Sepulchro la fangre pura,
Quando en venganza tan dura
A fu Ciudad baxò Tito,
Que hà menefter fu diftrit
Ser mar para sepultura." ("Chant Deuxième")[138]

Et encore:

---

[138]*Passion del hombre-Dios referida y ponderada En Decimas Españolas. Por el Maestro Ivan Davila. Dedicase al excelentissimo Señor D. Antonio Sancho Davila, Y Toledo, Marques de Velada, &c.*, Lyon, Horacio Boissat et Gorge Remevs, Clavdio Bovrgeat et Migvel Lietard, , "*Libro III*", "*CANTO SEGVNDO. Refponde a vna vez el Pueblo Hebreo que la fangre del Hombre-Diòs fe Derrame fobre ellos, y fobre fus hijos. Afondanfe en los efetos de fta imprecacion dos fentidos, que cupieron en fus palabras*", p. 75.

"*Con el liquido coral*
Grana fue de mucha ley,
Porque en la fangre del Rey
Bebiò lo rojo, y Real:
Pompa fale affi Imperial
Lo que mofas fue groferas:
Porque fon tan verdaderas
Las burlas del Rey vngido,
Que de veftirla aun fingido
Queda purpura de veras." ("*Chant Troisième*")[139]

Également publiées à Lyon, dans les mêmes années, les oeuvres du capucin Martial de Brive (1660) éclaire, dans le sens que nous savons, de comparaison entre la naissance et la Passion, comme l'oeuf donc, la relation enttre le corail de sang et l'allaitement virginal à l'Enfant Jésus, à peine ébauché (ce qui prouve la compréhension commune qu'en avait l'époque) par Davila[140] ("*Que perdiò en el mas bermejo/ Los miedos a vn rio rojo.../...Porque hà de fer mar en leche,/ Pues leche fuè de Maria.../... En mucho coral deshecho/ Vn mar bermejo fe han hecho*"):

"*DEVOTION AVX*
larmes de Iefus, & au laict: de Marie.

Threfor de larmes diftillées,
Que l'Aurore efpanche au matin,
Efpoir des campaignes bruflées:
Belle eau qui fans couleur efmaillez nos valées,
Dont l'ouuriere du miel faict fon riche butin,

---

[139]*Ibid.*, "*Libro III*", "*CANTO TERCERO. Meditanfe algunos Mysterios, que en fentido allegorico moftrò con verdad, y fin intencion la burla, que los Soldados hicieron del Monarcha verdadero*", p. 41.
[140]Comme nous l'avons cité:
"*Los miedos a vn rio rojo:*
Y refponden con enojo
De ingratos, y de homicidas,
Que caygan fobre fus vidas,
Y fobre las de fus hijos
Los raudales, que prolixos
Le defangraren a heridas:

Fue a cafo que no temia
Que inunde, y que no aproueche,
Porque hà de fer mar en leche,
Pues leche fuè de Maria:.../..."

Ne tombez. plut agreable rosée
Pour vne autre liqueur la voſtre eſt meſprisée.
Ieſus sur la bouche vermeille
Me montre du laict reſpandu:
O douce! ô charmante merveille,
Peut-on voir ſanſ bruſler d'une ardeur nompareille.
Sur ce corail vivant cét yvoire fondu,
Ne tombez plus, &c.
Larmes que ie voy reſpanduës
Sur la face de mon Sauueur,
Serez vous des larmes perdues?
Serez vous cheres eaux triſtes & confonduës?
De nauoir pû lauer les taſches de mon coeur,
Ne tombez.plus,&c.
Chaſte laict deuant qui ie paſme,
Et devant qui paſment les Cieux,
Voſtre vertu que ie reclame
Ne pourra pas donner la vie a ma pauvre ame,
Elle qui peut donner la vie au Dieu des Dieux,
Ne tombez plus, &c.
Bon Ieſus il faut que i'eſpere
Que le meſtange de vos pleurs,
Auec le laict de voſtre Mere,
Mal-gré tous mes pechez me fera ſalutaire,
I'eſpere donc en vous! ô diuines liqueurs:
Ne tombez plus agreable rosée
Pour ces ſainctes liqueurs la voſtre eſt meſprisée."[141]

C'est, du martyr, les joues ensanglantées de corail de la Passion, évoquées par l'également capucin Philippe d'Angoumois, dès 1631:

"*On ne voit en fin, ſur ſes joües de roſes, que l'impreſſion des mains qui les ont ſouflettées, ny ſur ſes lévres de lys, & de corail, que des enfleures par tout, & des ſales crachats qui les couurent.*"[142]

---

[141]*Le Parnasse seraphique, et les derniers souspirs de la muse. Du R. P. Martial de Brives, capucin. Contenant, les grandeurs de Dieu, les grandeurs de N. S. Jesus-Christ, les grandeurs de la Sainte Vierge, les grandeurs de Dieu sur les saincts, les combats & victoires de sainct Alexis, et autres oeuvres meslées*, Lyon, Chez François Demasso, 1660, pp. 95-96.
[142]*Les Royales et divines amours de Jésus et de l'âme, sujet des méditations d'Hermogène, en forme de colloques, sur les mystères de nostre salut, par F. Philippe d'Angoumois, Preſtre capucin*, Paris, Chez Sebastien Cramoisy, 1631, p. 443.

PLANCHES

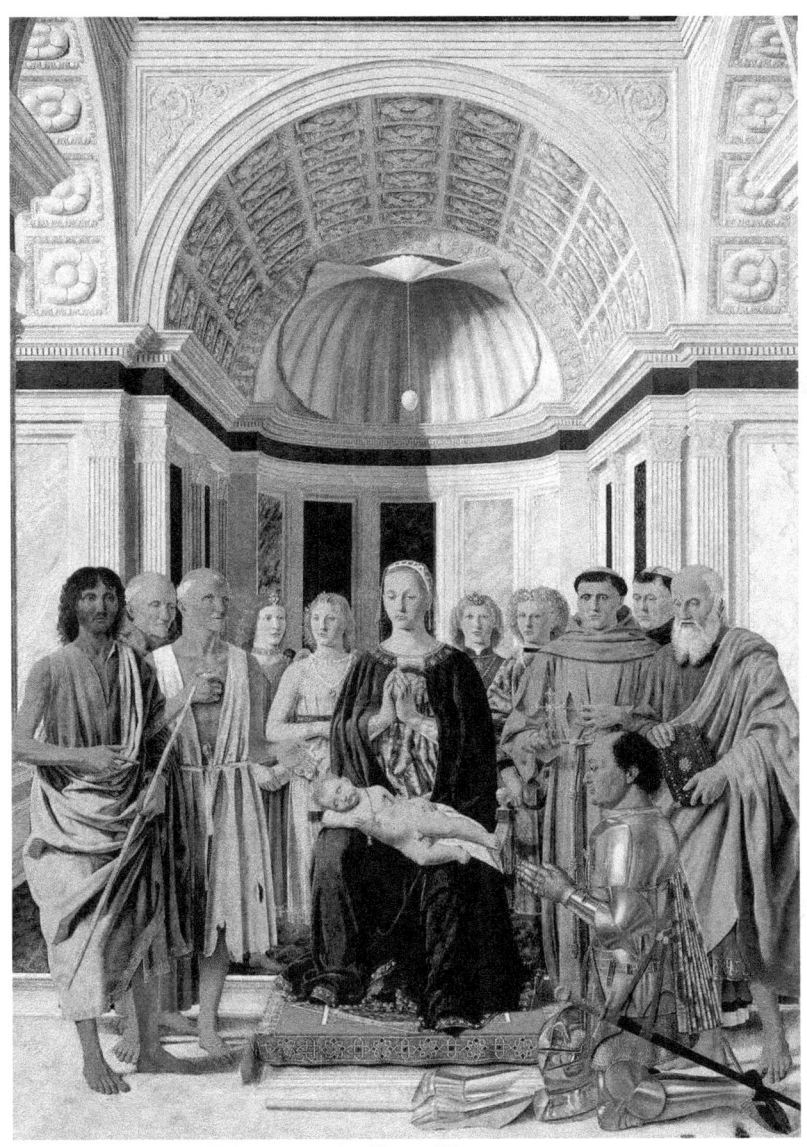

Piero della Francesca, *Pala di Montefeltro*, Urbino c. 1472-1474

**Retable d'Issenheim.
Concert des Anges
et Nativité**

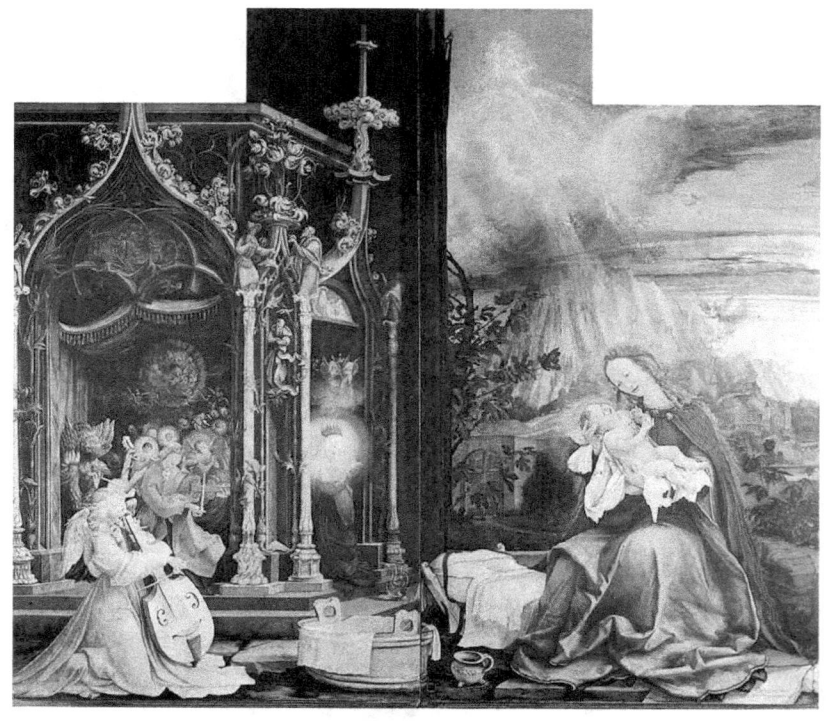

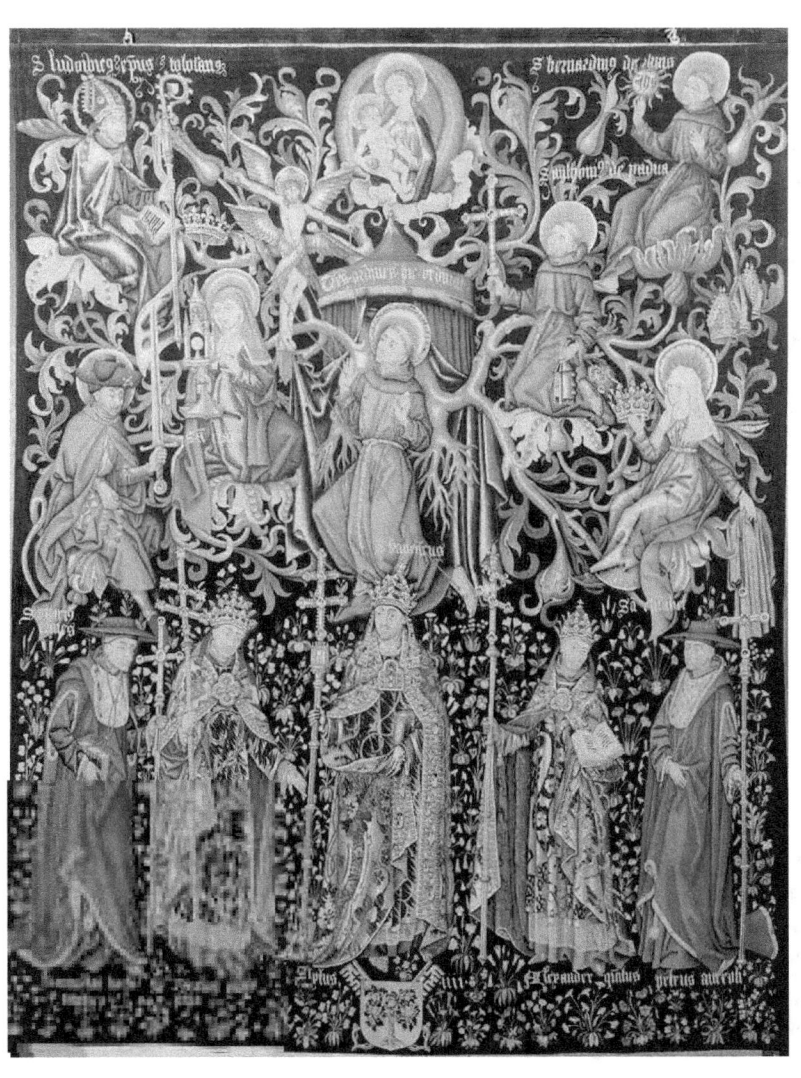

L'Arbre de Saint François (1471-1472)

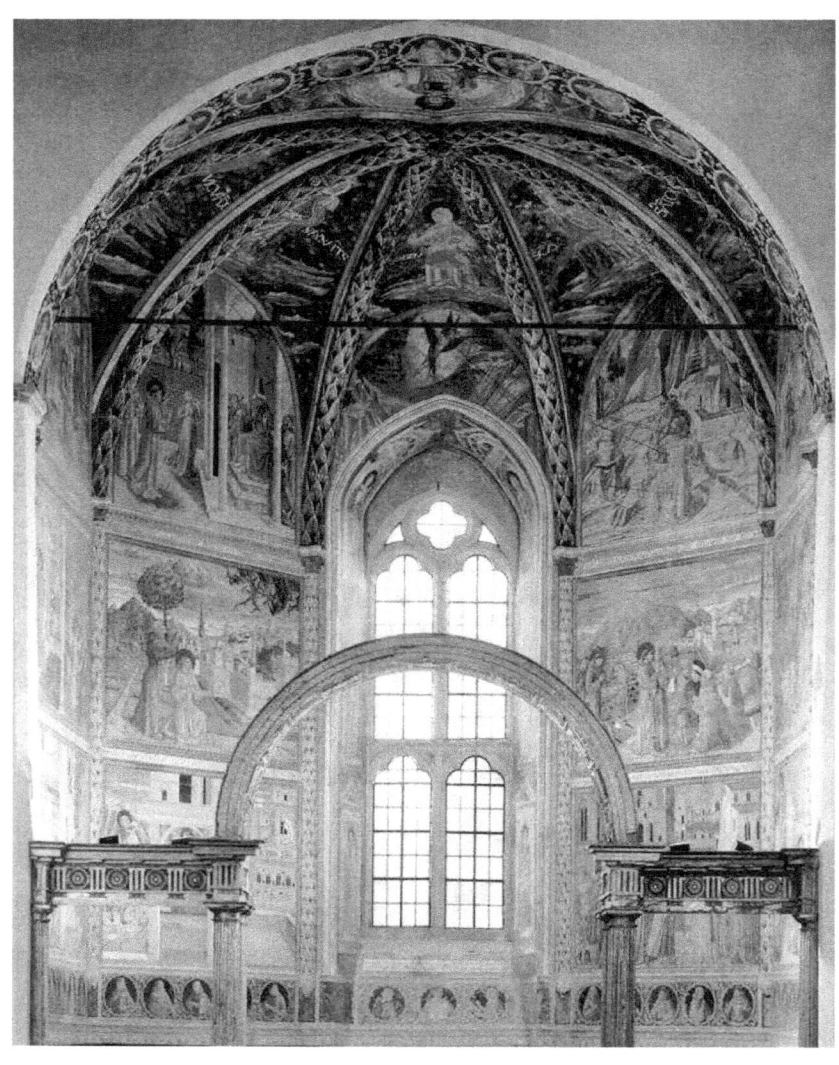

Benozzo Gozzoli, Fresco cycle in the Convento di San Fortunato in Montefalco (1450-52)

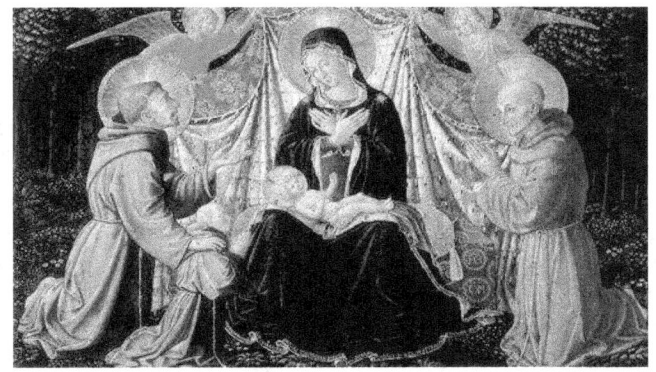

Gozzoli, La Vierge à l'enfant avec Saint François et le donnateur Fra Jacopo da Montefalco (à gauche) et Saint Bernardin de Sienne (à droite), 1452

Adoration d'Altobello Melone

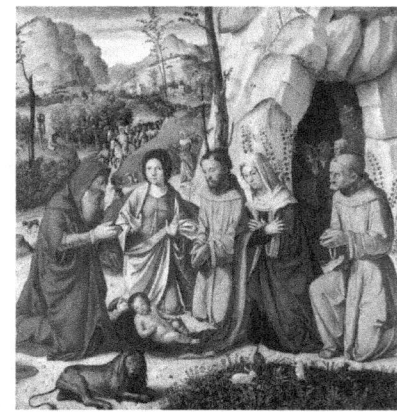

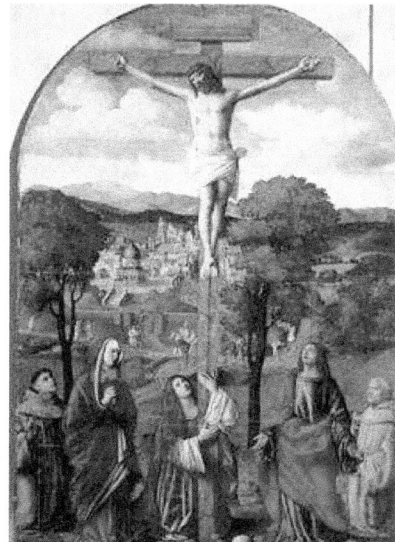

Alvise Donato, La Vierge à l'enfant avec Saint François et le donnateur Fra Jacopo da Montefalco (à gauche) et Saint Bernardin de Sienne

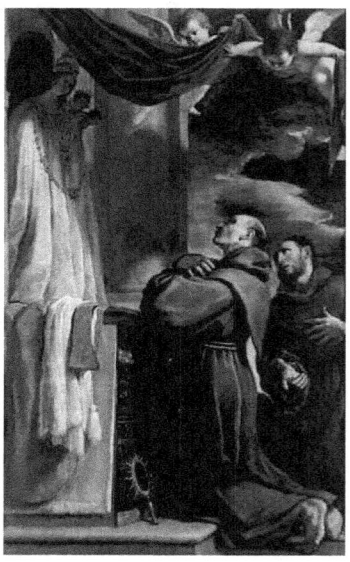

Guernico, Saint Bernardin et Saint François en prière devant la Vierge de Lorette

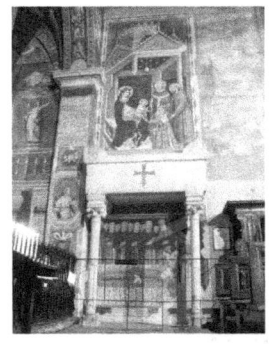
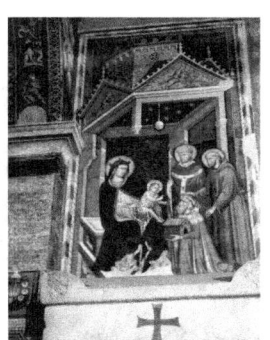

Fresque au-dessus de la tombe d'Antonio dei Fissiraga à San Francesco in Lodi, après 1327

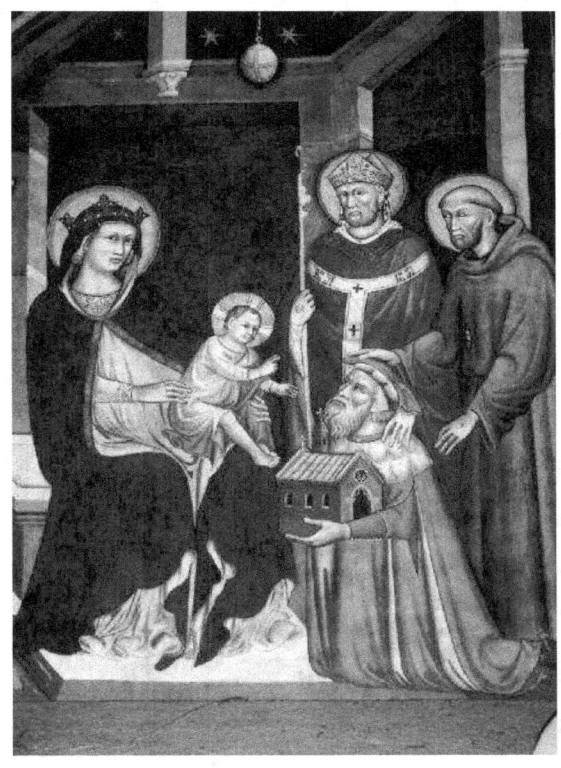

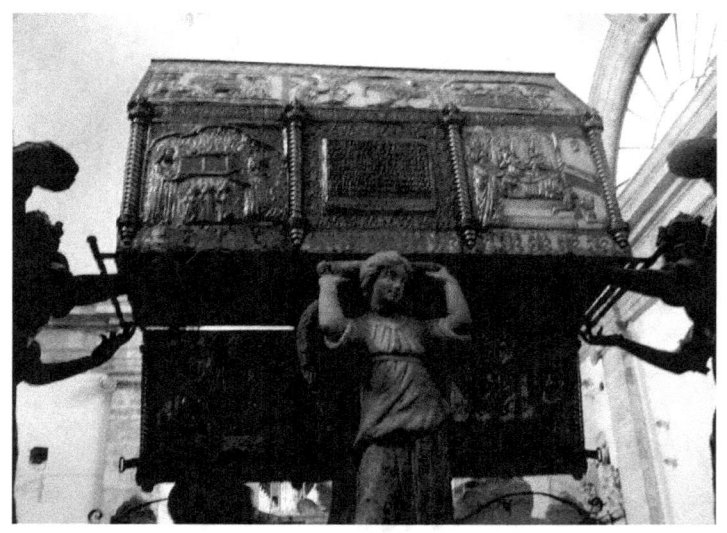

Francesco di Antonio da Sesto, Relicaire repoussé en argent, Église Saint Simon le Majeur, Zadar, Croatie, 1377-1380

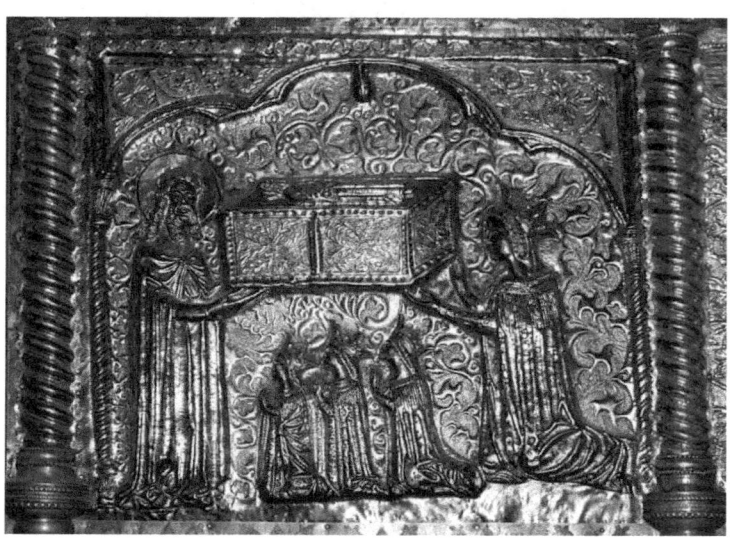

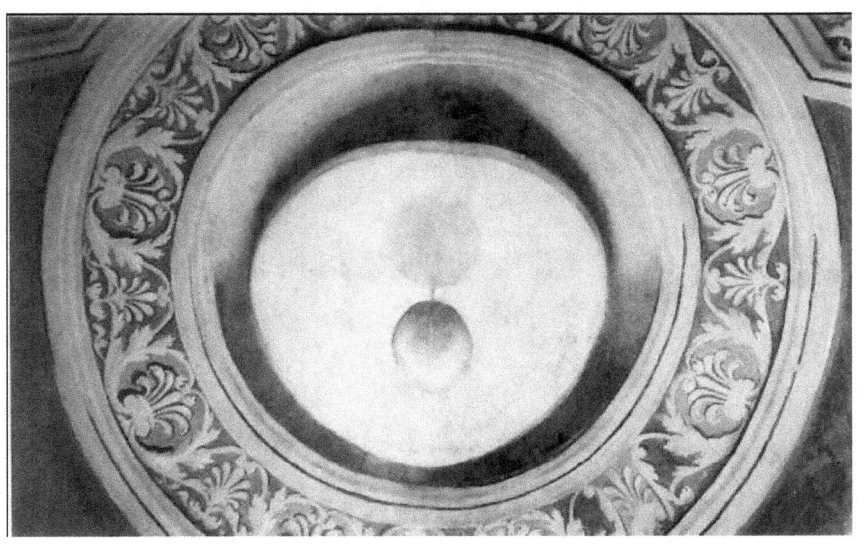

Luca Signorelli, Chapelle de San Brizio, Cathédrale d'Orvieto, c. 1500, coupole

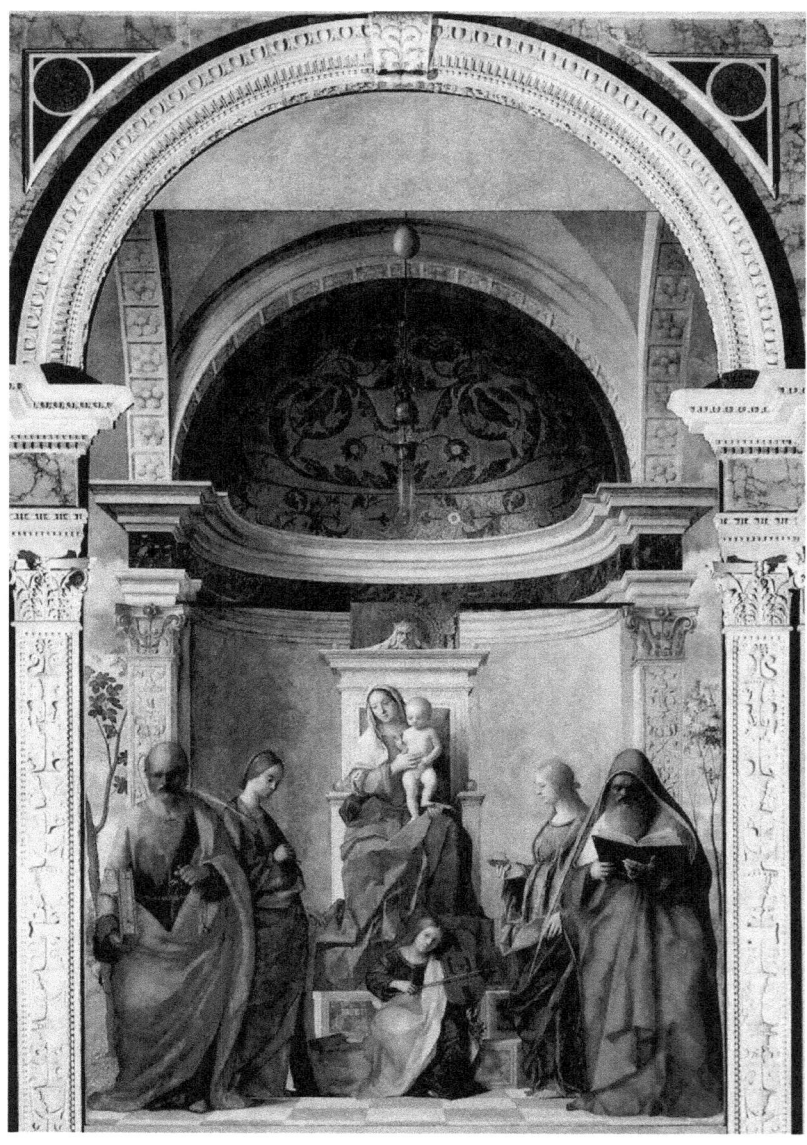

Giovanni Bellini, *Sacra Conversazione*, Retable de l'Église de San Zacharie, Venise, 1505

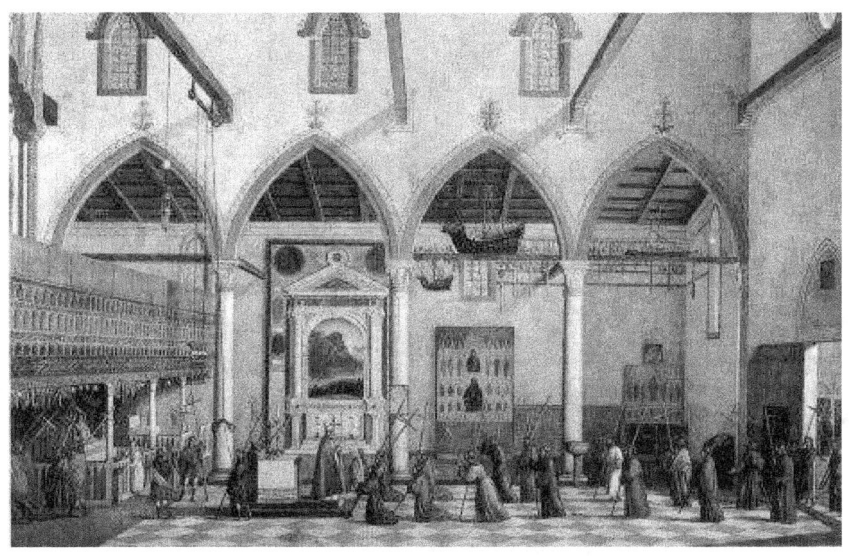

Vision de Francesco Antonio Ottoboni, prieur de San Antonio di Castello, Venise, cercle de Vittore Carpaccio, après 1511

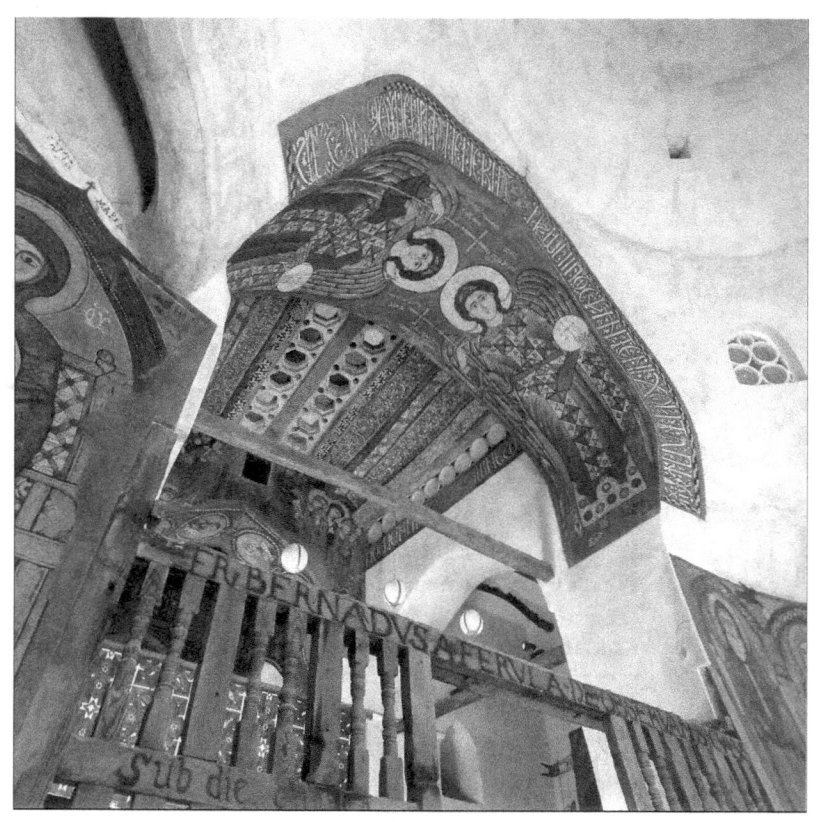

Choeur du Monastère de Saint Antoine sur la Mer Rouge

Siyer-i Nebi, *Le Prophète Mahomet et Ali dans une mosquée*, Bibliothèque Topkapi Saryi Müzesi (inv. no. H 1223, fol. 62a), Istambul, c. 1595

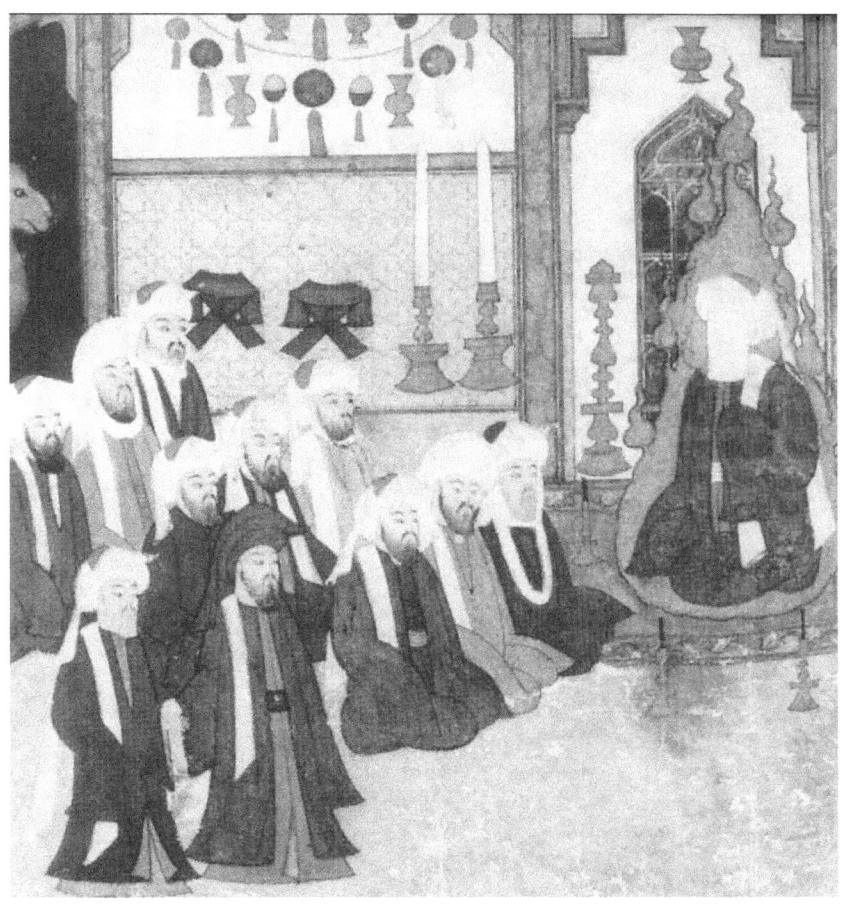

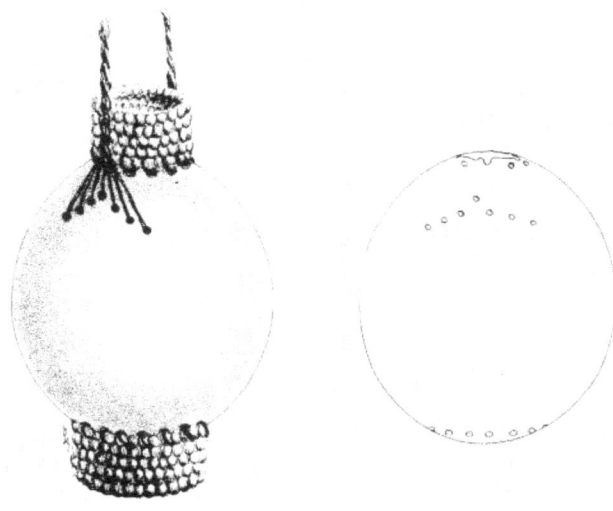

Coquille perforée du KM 3 200 de Tébessa et reconstitution du récipient (Dessin Y. Assié)

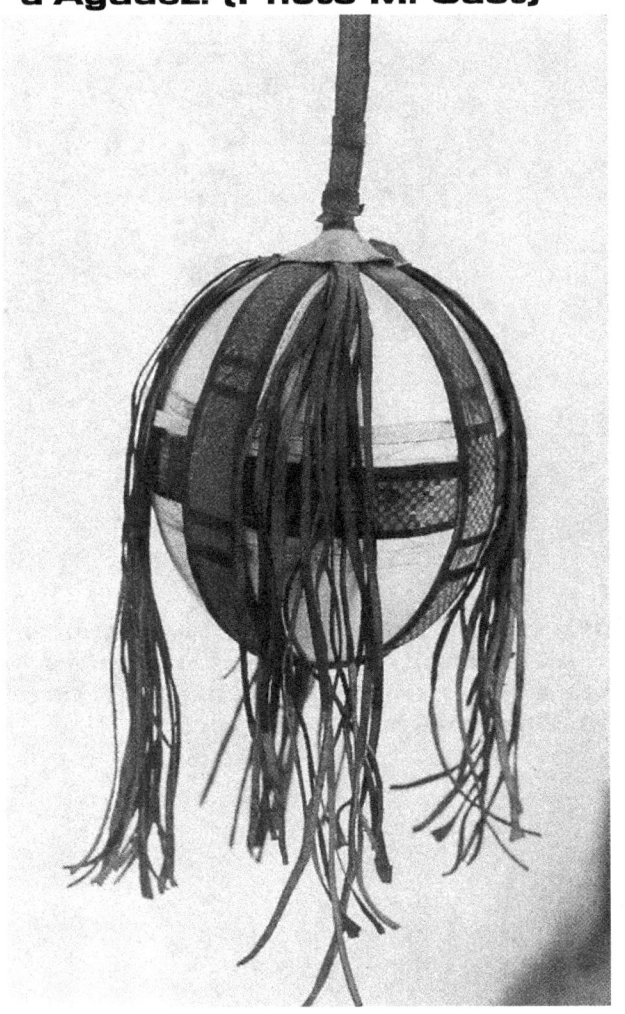

Montage d'une coquille d'œuf d'autruche dans une gaine de cuir. Porte-bonheur d'Agadez. (Photo M. Gast)

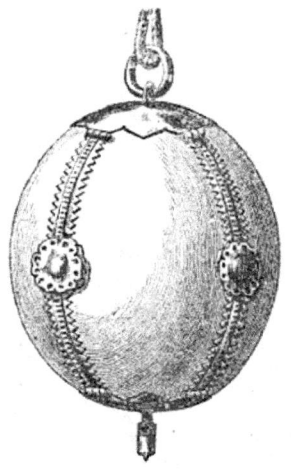

OEuf d'autruche avec armature en vermeil contenant des reliques des saintes Prisque et Walburge, Trésor de Saint Gervais, XIVème siècle

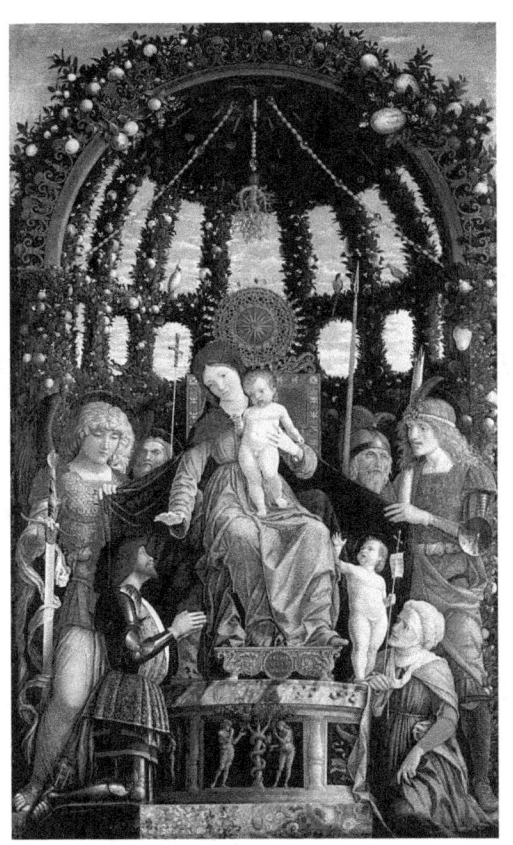

Mantegna, *La Vierge de la Victoire*, 1496

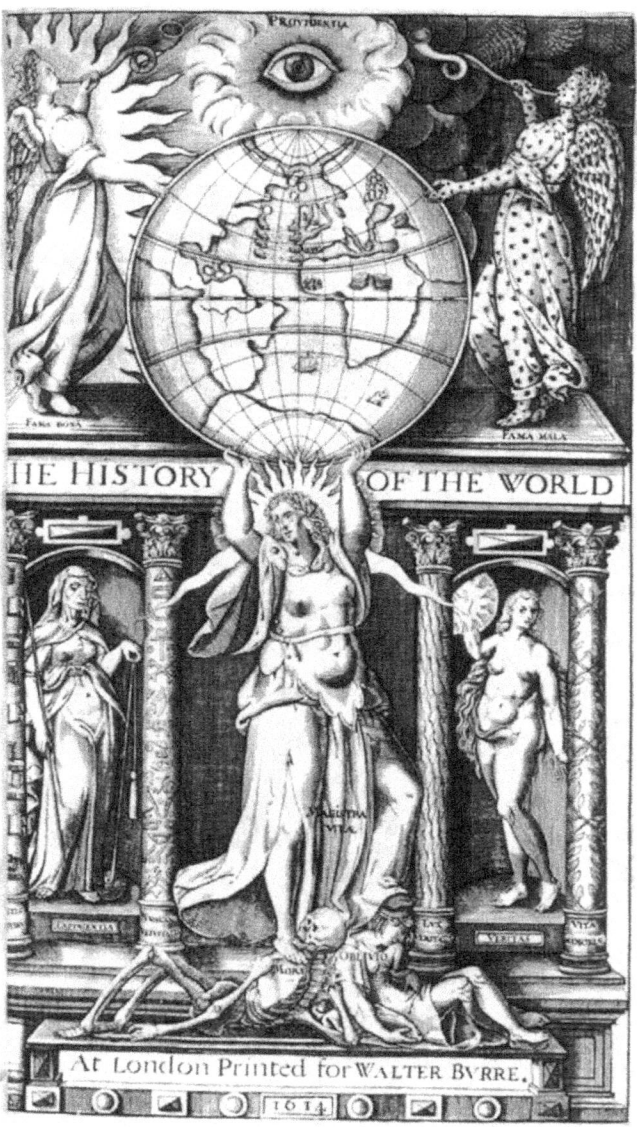

Sir Walter Raleigh, *History of the World*, 1614

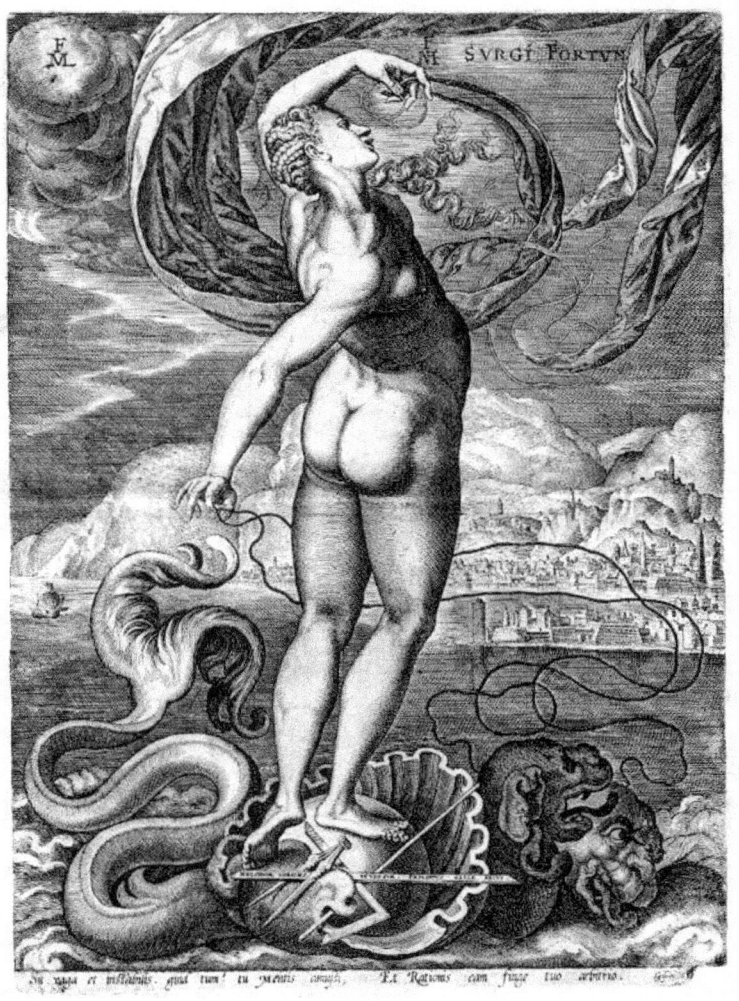

Philips Galle, *Surgi Fortun*, 1574

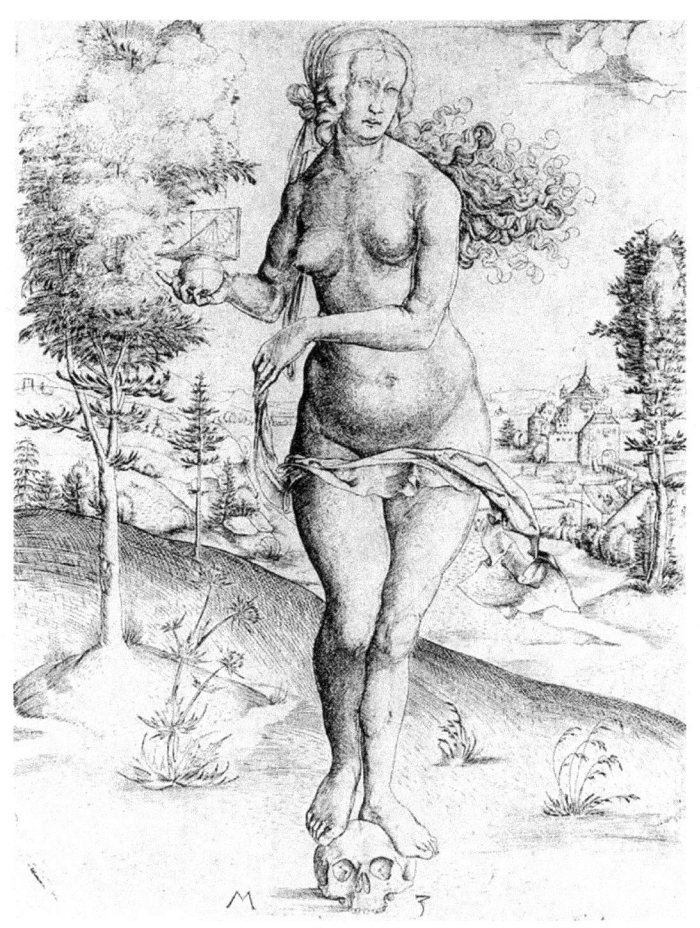

Maître M.Z., *Vanitas*, 1502-1503

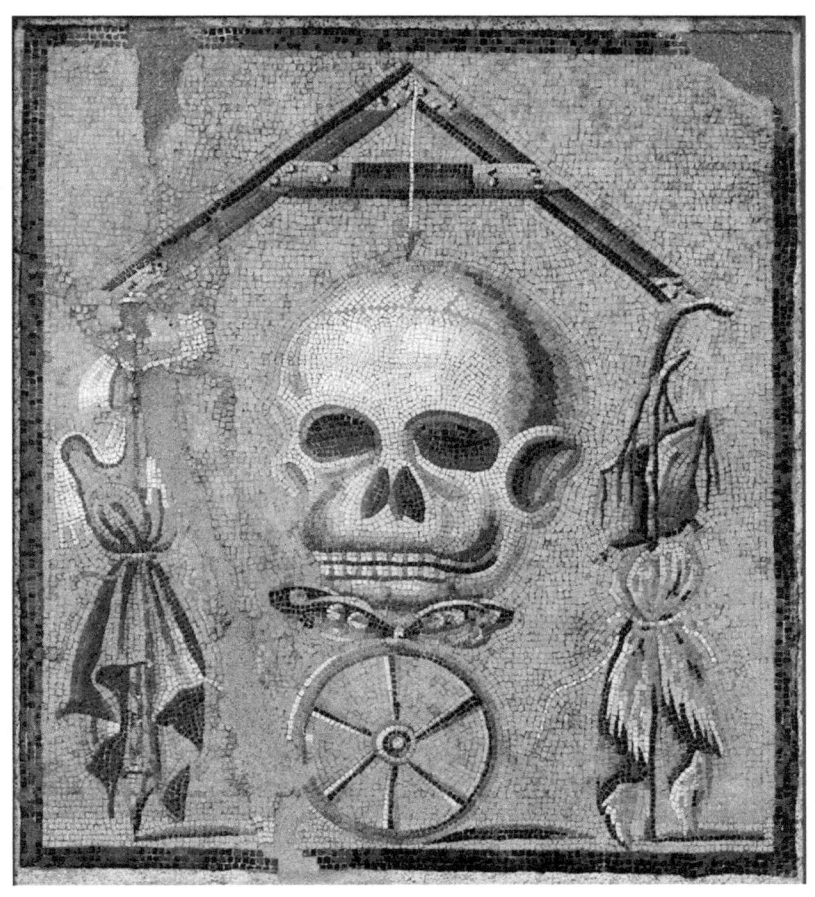

Mosaïque de table pompéienne (30-14 av. J.-C., Musée national archéologique, Naples), Maison des Maçons

www.ingramcontent.com/pod-product-compliance
Lightning Source LLC
Chambersburg PA
CBHW050103230526
45470CB00004B/1658